Curso
MAD360

*La diferencia entre aprobar
y sacar plaza*

Ayudante de Investigación de los Organismos Públicos de Investigación

AF212126

MATERIAS COMUNES

Si aún no dispones de tu **Curso MAD360**, te ofrecemos un acceso GRATIS de 30 días para que disfrutes de los siguientes recursos:

- Técnicas de Memoria 360.
- MADTEST: Test *online* Nivel PRO.
- Temario en formato digital.
- Planificación de estudio.
- Foro entre opositores hasta la fecha del examen.*
- Recursos y novedades exclusivas.
- Consúltanos sobre tu oposición y proceso selectivo.
- Actualizaciones legislativas (Boletines Oficiales) hasta 60 días antes de la fecha del examen.*

Para acceder a esta prueba del Curso MAD360** será necesaria la compra de todos los libros para esta especialidad de la edición 2026.

Regístrate en **mad.es/iniciar-sesion** y en la pestaña MIS CURSOS valida los códigos que encuentras en la última página de tus libros.

NOTA IMPORTANTE:

* Examen de esta categoría profesional correspondiente a la convocatoria publicada en el BOE núm. 311, de 26 de diciembre de 2025, o hasta el 28 de febrero de 2027, lo que se cumpla antes, y previa renovación del servicio.

** El acceso al CURSO MAD360 estará disponible desde febrero de 2026 (algunos recursos podrían estar disponibles en fecha posterior). Tendrá una duración de 30 días RENOVABLES mediante pago, desde la validación de códigos, o hasta el 31 de agosto de 2027, lo que se cumpla antes.

MAD se reserva el derecho a ampliar dichas fechas.

Ayudante de Investigación de los Organismos Públicos de Investigación

Enero, 2026

Ayudante de Investigación de los Organismos Públicos de Investigación

Test Materias Comunes

LIDIA PONCE MARTÍNEZ
Licenciada en Psicología

JOSÉ ANTONIO GUERRERO ARROYO
Cuerpo Superior de Letrados
Cuerpo Superior Jurídico de la Junta de Comunidades de Castilla la Mancha

JOAQUÍN MARTÍNEZ DEL FRESNO
Licenciado en Derecho
Funcionario del Cuerpo Superior de Administradores de la Junta de Andalucía especialidad Gestión Financiera (A.1.1200) y del Cuerpo de Gestión Administrativa, especialidad Gestión Financiera (A.2.1200)

© 7 Editores Recursos para la Cualificación Profesional y el Empleo, S.L. (7 Editores)
© Los autores
Primera edición, enero 2026 (96 páginas)
Derechos de edición reservados a favor de 7 Editores
IMPRESO EN ESPAÑA
Diseño Portada: 7 Editores
Edita: 7 Editores
Avda. San Francisco Javier, 9 · Edificio Sevilla 2 · Planta 11 · Módulos 25-27 · 41018 Sevilla
Teléfono: 954 784 411 · WEB: www.mad.es · e-mail: administracion@7editores.com
ISBN: 979-13-702-8528-9
© "Editorial Mad" y "Eduforma" son nombres comerciales registrados de
7 Editores Recursos para la Cualificación Profesional y el Empleo, S.L.

Índice

MATERIAS COMUNES

MATERIAS COMUNES

TEST N.º 1

La Constitución española de 1978. Derechos fundamentales y libertades públicas. La Ley Orgánica 3/2007, de 22 de marzo, para la igualdad efectiva de mujeres y hombres. Políticas contra la violencia de Género. La ley Orgánica 1/2004, de 28 de diciembre, de Medidas de Protección contra la Violencia de Género. La Ley 4/2023, de 28 de febrero, para la igualdad real y efectiva de las personas trans y para la garantía de los derechos de las personas LGTBI.
Régimen jurídico de la Dependencia. La Ley 39/2006, de 14 de diciembre, de Promoción de la Autonomía Personal y Atención a las personas en situación de dependencia

1. Las organizaciones de carácter privado surgidas de la iniciativa ciudadana o social, bajo diferentes modalidades que responden a criterios de solidaridad, con fines de interés general y ausencia de ánimo de lucro, que impulsan el reconocimiento y el ejercicio de los derechos sociales, constituyen lo que la Ley de Dependencia denomina:

a) Sector primario.
b) Tercer sector.
c) Servicios privados.
d) Sector complementario.

2. Para que cualquier español pueda ser titular de los derechos propios de las personas en situación de dependencia, es necesario residir en territorio español y haberlo hecho durante:

a) Cinco años, de los cuales dos deberán ser inmediatamente anteriores a la fecha de presentación de la solicitud.
b) Diez años, de los cuales cinco deberán ser inmediatamente anteriores a la fecha de presentación de la solicitud.
c) Cinco años inmediatamente anteriores a la fecha de presentación de la solicitud.
d) Los tres años inmediatamente anteriores a la fecha de presentación de la solicitud.

3. La Constitución Española reconoce y garantiza el derecho a la autonomía:

a) De las nacionalidades que la integran.
b) De las regiones que la integran.
c) De las Comunidades Autónomas que la integran.
d) De las nacionalidades y regiones que la integran.

4. El Preámbulo de la Constitución:

a) Tiene en sí carácter de norma jurídica.
b) Es una declaración de intenciones, destinada a interpretar lo que se quiere alcanzar con el contenido normativo de la Constitución.
c) Se trata de un texto sin fuerza jurídica de obligar.
d) Las respuestas b) y c) son correctas.

5. Señala la respuesta correcta, respecto de la aprobación, ratificación y publicación de la Constitución Española:

a) Aprobada por las Cortes el 31 de octubre de 1978, ratificada por el pueblo en referéndum el 6 de diciembre de 1978 y publicada el 29 de diciembre de 1978.
b) Aprobada por las Cortes el 30 de octubre de 1978, ratificada por el pueblo en referéndum el 16 de diciembre de 1978 y publicada el 27 de diciembre de 1978.
c) Aprobada por las Cortes el 31 de octubre de 1978, ratificada por el pueblo en referéndum el 16 de diciembre de 1978 y publicada el 29 de diciembre de 1978.
d) Aprobada por las Cortes el 10 de octubre de 1978, ratificada por el pueblo en referéndum el 26 de diciembre de 1978 y publicada el 30 de diciembre de 1978.

6. ¿En qué parte de la Carta Magna se establece la exposición de motivos que impulsan la norma constitucional y los objetivos que con ella se pretenden alcanzar?

a) En el Título Preliminar.
b) En el Preámbulo.
c) En el Título I.
d) En el Título II.

7. La Constitución Española fue sancionada por:

a) El Rey.
b) El Presidente del Congreso.
c) Las Cortes Generales.
d) El Presidente del Gobierno.

8. ¿Cuáles de los siguientes españoles de origen pueden ser privados de su nacionalidad?

a) Exclusivamente los miembros de grupos terroristas.
b) Los miembros de grupos terroristas y los que atenten contra el Rey u otro miembro de la Casa Real.
c) Los que atenten contra un miembro de la Familia Real o del Gobierno de la Nación.
d) Ningún español de origen podrá ser privado de su nacionalidad.

9. Según la CE son fundamentos del orden político y la paz social:

a) La dignidad de la persona, los derechos violables que les son inherentes y el respeto a la ley.
b) La dignidad de la persona, el desarrollo limitado de la personalidad y el respeto a la ley.
c) El respeto a la ley, a los reglamentos administrativos y demás disposiciones legales.
d) La dignidad de la persona, los derechos inviolables que le son inherentes, el libre desarrollo de su personalidad, el respeto a la ley y a los derechos de los demás.

10. ¿Cuál de los siguientes es considerado por la CE como uno de los valores superiores del ordenamiento jurídico?

a) La jerarquía normativa.
b) El pluralismo político.
c) La publicidad normativa.
d) La equidad.

11. La forma política del Estado español es:

a) Democracia parlamentaria.
b) Gobierno parlamentario.
c) Monarquía parlamentaria.
d) República democrática.

12. La parte de la CE que regula la estructura de los principales órganos del Estado recibe el nombre de:

a) Parte dogmática.
b) Parte orgánica.
c) Parte estatal.
d) Parte estructural.

13. Según la CE, la soberanía nacional:

a) Corresponde a las Cortes Generales, al estar compuestas por los representantes del pueblo.
b) Corresponde al Rey.

c) Reside en el pueblo español.
d) Corresponde al Gobierno de la Nación elegido directamente por el pueblo.

14. El derecho a la propiedad en nuestra Constitución es un Derecho:

a) Es inherente a la condición humana.
b) Es absoluto.
c) Está limitado por la función social de la misma.
d) Ninguna de las respuestas anteriores es correcta.

15. ¿En qué parte de la Carta Magna se señalan los valores superiores del ordenamiento jurídico?

a) En el Preámbulo.
b) En el Título Preliminar.
c) En el Título I.
d) Ninguna respuesta es correcta.

En MADTEST tienes **más preguntas de este tema**, y todos tus avances quedan registrados y se reflejan en el ranking.

¡Supera tus límites con MADTEST!

Solución al test n.º 1

1. b) Tercer sector.

2. a) Cinco años, de los cuales dos deberán ser inmediatamente anteriores a la fecha de presentación de la solicitud.

3. d) De las nacionalidades y regiones que la integran.

4. d) Las respuestas b) y c) son correctas.

5. a) Aprobada por las Cortes el 31 de octubre de 1978, ratificada por el pueblo en referéndum el 6 de diciembre de 1978 y publicada el 29 de diciembre de 1978.

6. b) En el Preámbulo.

7. a) El Rey.

8. d) Ningún español de origen podrá ser privado de su nacionalidad

9. d) La dignidad de la persona, los derechos inviolables que le son inherentes, el libre desarrollo de su personalidad, el respeto a la ley y a los derechos de los demás.

10. b) El pluralismo político.

11. c) Monarquía parlamentaria.

12. b) Parte orgánica.

13. c) Reside en el pueblo español.

14. c) Está limitado por la función social de la misma.

15. b) En el Título Preliminar.

TEST N.º 2

La organización territorial del Estado.
Las Comunidades Autónomas. Las Entidades Locales

1. Según la Constitución, las entidades que forman parte de la organización territorial del Estado tienen la nota común de:

a) Autogobierno.
b) Independencia.
c) Autonomía.
d) Financiación propia.

2. La titularidad de la soberanía española radica en el/las:

a) Cortes Generales como representantes del pueblo español.
b) Rey como Jefe del Estado.
c) Pueblo mismo.
d) Nacionalidades y regiones que integran España.

3. No pueden constituirse en Comunidades Autónomas los territorios:

a) Que no estén integrados en la organización provincial.
b) Que, no siendo superiores a una provincia, tengan entidad regional histórica.
c) Que, no siendo superiores a una provincia, no tengan entidad regional histórica.
d) Interinsulares.

4. La vía ordinaria de acceso a la autonomía por el artículo 143 de la Constitución se sigue por los/las:

a) Provincias con entidad regional histórica.
b) Territorios que en el pasado hubieren plebiscitado afirmativamente proyecto de Estatuto de Autonomía.
c) Provincia sin entidad regional histórica directamente.
d) Supuestos especiales de Ceuta, Melilla y Gibraltar.

5. Entre las determinaciones de los Estatutos de Autonomía no es necesario incluir la:

a) Delimitación de su territorio.
b) Denominación de las instituciones autónomas propias.
c) Denominación de la Comunidad.
d) Denominación, organización y sede de sus instituciones administrativas.

6. En las Comunidades Autónomas que siguen la vía común, el Proyecto de Estatuto será elaborado por la/los:

a) Asamblea de Parlamentarios que se constituye al efecto.
b) Comisión Constitucional del Congreso de los Diputados.
c) Diputación Provincial correspondiente.
d) Miembros de la Diputación u órgano interinsular y por los Diputados y Senadores elegidos por ellas.

7. El voto de ratificación por los Plenos del Senado y del Congreso de los Diputados se dará en el/las:

a) Comunidades Autónomas que siguen la vía común.
b) Comunidades Autónomas que siguen la vía especial.
c) Acceso a la autonomía de Ceuta y Melilla.
d) Acceso a la autonomía de Gibraltar.

8. La responsabilidad política del Presidente de una Comunidad Autónoma se exige por el/la:

a) Sala de lo Penal del Tribunal Supremo.
b) Congreso de los Diputados.
c) Tribunal Superior de Justicia de la Comunidad Autónoma.
d) Asamblea Legislativa de la Comunidad Autónoma.

9. La Asamblea Legislativa de las Comunidades Autónomas se elige:

a) Con criterios de representación territorial.
b) Con criterios de representación proporcional.
c) Por sufragio individual.
d) Con criterios de representación provincial.

10. El principio de coordinación con la Hacienda estatal se consigue por:

a) El Fondo de Compensación Interterritorial.
b) Los preceptos de las sucesivas Leyes de Presupuestos Generales del Estado.
c) La creación del Consejo de Política Fiscal y Financiera de las Comunidades Autónomas.
d) Imperativo de la propia Constitución.

11. Los Estatutos de Autonomía deberán contener el/la/las:

a) Competencias que se dejan al Estado y las que asume la Comunidad.
b) Competencias que, en función de la Constitución, asume cada Comunidad Autónoma.
c) Desarrollo de la Administración Autonómica.
d) División provincial y órganos de gobierno.

12. En la reforma de los Estatutos intervienen las Cortes Generales:

a) Siempre.
b) Nunca.
c) Sólo cuando se trata de Comunidades Autónomas que accedieron por la vía común.
d) En las Comunidades Autónomas de vía especial exclusivamente.

13. Los miembros de las Diputaciones u órganos interinsulares intervienen en la elaboración de los Estatutos de Autonomía:

a) En todo caso.
b) Nunca.
c) En las Comunidades Autónomas de vía común.
d) En las Comunidades Autónomas de vía especial.

14. Los Estatutos de Autonomía en la vía común se aprueban por el:

a) Congreso de los Diputados mediante Ley Orgánica.
b) Congreso de los Diputados y Senado por Ley Orgánica.
c) Congreso de los Diputados y Senado por Ley ordinaria.
d) Parlamento Autonómico solamente.

15. La más alta representación de una Comunidad Autónoma la ostenta el:

a) Presidente del Parlamento Autonómico.
b) Presidente de la Comunidad Autónoma.
c) Rey.
d) Presidente del Gobierno de la Nación.

En MADTEST tienes **más preguntas de este tema**, y todos tus avances quedan registrados y se reflejan en el ranking.

¡Supera tus límites con MADTEST!

Solución al test n.º 2

1. c) Autonomía.

2. c) Pueblo mismo.

3. d) Interinsulares.

4. a) Provincias con entidad regional histórica.

5. d) Denominación, organización y sede de sus instituciones administrativas.

6. d) Miembros de la Diputación u órgano interinsular y por los Diputados y Senadores elegidos por ellas.

7. b) Comunidades Autónomas que siguen la vía especial.

8. d) Asamblea Legislativa de la Comunidad Autónoma.

9. b) Con criterios de representación proporcional.

10. c) La creación del Consejo de Política Fiscal y Financiera de las Comunidades Autónomas.

11. b) Competencias que, en función de la Constitución, asume cada Comunidad Autónoma.

12. a) Siempre.

13. c) En las Comunidades Autónomas de vía común.

14. b) Congreso de los Diputados y Senado por Ley Orgánica.

15. b) Presidente de la Comunidad Autónoma.

TEST N.º 3

La Administración General del Estado: Organización y funcionamiento. La Ley 40/2015, de 1 de octubre de Régimen Jurídico del Sector Público

1. ¿Qué rango ostentan los Delegados del Gobierno en las Comunidades Autónomas?

a) Subdirector General.
b) Subsecretario General.
c) Secretario de Estado.
d) Subsecretario.

2. Los Secretarios Generales Técnicos tienen categoría de:

a) Subsecretario.
b) Director General.
c) Secretario de Estado.
d) Jefe de Servicio.

3. El nombramiento de los Delegados del Gobierno en las Comunidades Autónomas es competencia del:

a) Parlamento Autonómico.
b) Presidente del Gobierno.
c) Consejo de Gobierno.
d) Consejo de Ministros.

4. El Jefe Superior de un Departamento Ministerial, después del Ministro, en el supuesto de que no exista un Secretario de Estado, es el:

a) Director General.
b) Subsecretario.

c) Secretario General.
d) Secretario General Técnico.

5. ¿Quién nombra a los Subdelegados del Gobierno?

a) El Delegado del Gobierno.
b) El Ministro de Hacienda y Función Pública.
c) El Consejo de Ministros.
d) El Presidente del Gobierno.

6. ¿Qué rango ostentan los Subdelegados del Gobierno?

a) Subdirector General.
b) Secretario General.
c) Secretario General Técnico.
d) Subsecretario.

7. Indica cuál de las siguientes no es una de las competencias de los Secretarios de Estado:

a) Nombrar y separar a los Subdirectores Generales de la Secretaría de Estado.
b) Autorizar las comisiones de servicio con derecho a indemnización por cuantía exacta para los altos cargos dependientes de la Secretaría de Estado.
c) Conceder subvenciones y ayudas con cargo a los créditos de gasto propios de la Secretaría de Estado, con los límites establecidos por el titular del Departamento.
d) Desempeñar la jefatura superior de todo el personal del Departamento.

8. Indica cuál de los siguientes no es un órgano directivo de la Administración General del Estado:

a) Los Secretarios Generales Técnicos.
b) Los Secretarios Generales.
c) Los Secretarios de Estado.
d) Los Subsecretarios.

9. Según el artículo 140 de la Ley 40/2015, de 1 de octubre, de Régimen Jurídico del Sector Público, cuando así lo prevé la Constitución y el resto del ordenamiento jurídico, una Administración Pública y, singularmente, la Administración General del Estado, tiene la obligación, para la consecución de un resultado común, de:

a) Garantizar que las distintas Administraciones Públicas puedan relacionarse a través de medios electrónicos.
b) Garantizar la coherencia de las actuaciones de las diferentes Administraciones Públicas afectadas por una misma materia.

c) Evaluar periódicamente la efectividad del principio de eficacia.
d) Participar en órganos consultivos de otras Administraciones Públicas.

10. A los Delegados del Gobierno de la Nación en las Comunidades Autónomas se refiere el siguiente artículo de la Constitución:

a) 137.
b) 103.
c) 156.
d) 154.

11. El Delegado del Gobierno de la Nación en una Comunidad Autónoma se nombra por el:

a) Consejo de Ministros.
b) Rey.
c) Presidente del Gobierno de la Nación.
d) Parlamento Autonómico.

12. La propuesta del nombramiento del Delegado del Gobierno de la Nación en las Comunidades Autónomas corresponde al/a los:

a) Presidente del Gobierno de la Nación.
b) Parlamento Autonómico.
c) Subdelegados del Gobierno en las provincias afectadas.
d) Ministro del Interior.

13. El Consejo de Ministros, en el nombramiento de Subdelegados del Gobierno en las provincias:

a) Delibera previamente.
b) Lo confiere.
c) No interviene.
d) Lo propone.

14. Los Subdelegados del Gobierno en las provincias, salvo en las Comunidades Autónomas uniprovinciales, tienen nivel orgánico de:

a) Director General.
b) Subsecretario.
c) Subdirector General.
d) Secretario de Estado.

15. Según el artículo 3 de la Ley 40/2015, uno de los principios de acuerdo con los que actúa la Administración Pública es el de buena fe, confianza legítima y:

a) Lealtad institucional.
b) Proximidad a los ciudadanos.
c) Servicio efectivo a los ciudadanos.
d) Responsabilidad.

En MADTEST tienes **más preguntas de este tema**, y todos tus avances quedan registrados y se reflejan en el ranking.

¡Supera tus límites con MADTEST!

Solución al test n.º 3

1. d) Subsecretario.

2. b) Director General.

3. d) Consejo de Ministros.

4. b) Subsecretario.

5. a) El Delegado del Gobierno.

6. a) Subdirector General.

7. d) Desempeñar la jefatura superior de todo el personal del Departamento.

8. c) Los Secretarios de Estado.

9. b) Garantizar la coherencia de las actuaciones de las diferentes Administraciones Públicas afectadas por una misma materia.

10. d) 154.

11. a) Consejo de Ministros.

12. a) Presidente del Gobierno de la Nación.

13. c) No interviene.

14. c) Subdirector General

15. a) Lealtad institucional.

TEST N.º 4

El Gobierno abierto. Especial referencia a la transparencia y el acceso a la información pública, a la participación en la rendición de cuentas y al buen gobierno. Protección de datos

1. Aquel Gobierno que promueve una comunicación y un diálogo de calidad con los ciudadanos con el fin de facilitar su participación y colaboración en las políticas públicas, que garantiza la información y la transparencia de su actuación para fomentar la rendición de cuentas, y que diseña sus estrategias en un marco de gobernanza multinivel, se denomina:

a) Gobierno transparente.
b) Gobierno electrónico.
c) Gobierno social.
d) Gobierno abierto.

2. En virtud del artículo 5.3 de la Ley 19/2013, cuando la información pública contuviera datos especialmente protegidos, la publicidad solo se llevará a cabo:

a) Previa disociación de los mismos.
b) Previo consentimiento de los afectados.
c) De forma personalizada.
d) De forma codificada.

3. Según el artículo 5.4 de la Ley 19/2013, la información sujeta a las obligaciones de transparencia será publicada en las correspondientes sedes electrónicas o páginas web y de una manera clara, estructurada y entendible para los interesados y, preferiblemente:

a) En formatos reutilizables.
b) En diferentes idiomas.
c) En la página de inicio.
d) Codificada.

4. En virtud del artículo 7 de la Ley 19/2013, de 9 de diciembre, de transparencia, acceso a la información pública y buen gobierno, ¿deben publicar las Administraciones Públicas, en el ámbito de sus competencias, las directrices, instrucciones, acuerdos, circulares o respuestas a consultas planteadas por los particulares u otros órganos?

a) No, en ningún caso.
b) Sí, en todo caso.
c) Sí, siempre que no tengan efectos jurídicos.
d) Sí, en la medida en que supongan una interpretación del Derecho o tengan efectos jurídicos.

5. La iniciativa normativa de las Administraciones Públicas debe evitar cargas administrativas innecesarias o accesorias y racionalizar la gestión de los recursos públicos, en aplicación del principio de:

a) Accesibilidad.
b) Eficacia.
c) Simplicidad.
d) Seguridad jurídica.

6. La transparencia de la actividad pública, respecto a la casa de su Majestad el Rey:

a) No se aplica.
b) Se aplica en todas sus actividades.
c) Se aplica en sus actividades sujetas al Derecho Administrativo.
d) Se aplica solo en sus actividades de índole política.

7. Si la información pública solicitada incluyese datos personales que hagan referencia a la salud:

a) Sólo se concederá el acceso previa ponderación suficientemente razonada del interés público en la divulgación de la información y los derechos de los afectados cuyos datos aparezcan en la información solicitada.
b) Solo podrá autorizarse el acceso al propio afectado o a su representante.
c) Solo se podrá autorizar el acceso en caso de que se cuente con el consentimiento expreso del afectado.
d) Solo se podrá autorizar el acceso en caso de que se cuente con el consentimiento expreso del afectado o si el acceso estuviera amparado por una norma con rango de ley.

8. Según lo previsto en el artículo 18 de la Ley 19/2013, de 9 de diciembre, de transparencia, acceso a la información pública y buen gobierno, se inadmitirán a trámite, mediante resolución motivada, las solicitudes de acceso a la información:

a) Relativas a los intereses económicos y turísticos.
b) Relativas a la garantía de la confidencialidad o el secreto requerido en procesos de toma de decisión.

c) Relativas a información para cuya divulgación sea necesaria una acción previa de reelaboración.

d) Relativas a infraestructuras críticas.

9. Señala la opción incorrecta. La solicitud de acceso a la información pública podrá presentarse por cualquier medio que permita tener constancia de:

a) La identidad del solicitante.

b) La información que se solicita.

c) Una dirección de contacto, preferentemente electrónica, a efectos de comunicaciones.

d) La motivación de la solicitud.

10. No es una causa de inadmisión de las solicitudes de acceso a la información pública:

a) Que se refieran a información que esté en curso de elaboración o de publicación general.

b) Que se dirijan a un órgano en cuyo poder no obre la información.

c) Que sean manifiestamente repetitivas.

d) Que se refieran a información para cuya divulgación sea necesaria una acción previa de reelaboración.

11. Cuando la solicitud de información pública no identifique de forma suficiente la información, se pedirá al solicitante que la concrete en un plazo de:

a) 10 días.

b) 15 días.

c) 20 días.

d) 30 días.

12. En relación a la solicitud de acceso a la información pública, es cierto que:

a) Los solicitantes de información podrán dirigirse a las Administraciones Públicas en cualquiera de las lenguas cooficiales del Estado en el territorio en el que radique la Administración en cuestión.

b) El solicitante está obligado a motivar su solicitud de acceso a la información.

c) El solicitante podrá exponer los motivos por los que solicita la información, en cuyo caso deberán ser tenidos en cuenta cuando se dicte la resolución.

d) La ausencia de motivación será por si sola causa de rechazo de la solicitud.

13. Conforme al artículo 18.1 de la Ley 19/2013, las solicitudes referidas a información que tenga carácter auxiliar o de apoyo como la contenida en notas, borradores, opiniones, resúmenes, comunicaciones e informes internos o entre órganos o entidades administrativas:

a) Están obligadas a indicar el motivo de la solicitud.

b) Se admitirán previa ponderación suficientemente razonada del interés público en la divulgación de la información.

c) Se inadmitirán a trámite, mediante resolución motivada.

d) Se entenderán dotadas de un carácter abusivo no justificado con la finalidad de transparencia de esta Ley.

14. Según el artículo 19.3 de la Ley 19/2013, si la información solicitada pudiera afectar a derechos o intereses de terceros, debidamente identificados, se les concederá un plazo, para que puedan realizar las alegaciones que estimen oportunas, de:

a) Siete días.
b) Diez días.
c) Quince días.
d) Veinte días.

15. La resolución en la que se conceda o deniegue el acceso a información pública deberá notificarse al solicitante y a los terceros afectados que así lo hayan solicitado en el plazo máximo, desde la recepción de la solicitud por el órgano competente para resolver, de:

a) 10 días.
b) 15 días.
c) 20 días.
d) 1 mes.

En MADTEST tienes **más preguntas de este tema**, y todos tus avances quedan registrados y se reflejan en el ranking.

¡Supera tus límites con MADTEST!

Solución al test n.º 4

1. d) Gobierno abierto.

2. a) Previa disociación de los mismos.

3. a) En formatos reutilizables.

4. d) Sí, en la medida en que supongan una interpretación del Derecho o tengan efectos jurídicos.

5. b) Eficacia.

6. c) Se aplica en sus actividades sujetas al Derecho Administrativo.

7. d) Solo se podrá autorizar el acceso en caso de que se cuente con el consentimiento expreso del afectado o si el acceso estuviera amparado por una norma con rango de ley.

8. c) Relativas a información para cuya divulgación sea necesaria una acción previa de reelaboración.

9. d) La motivación de la solicitud.

10. b) Que se dirijan a un órgano en cuyo poder no obre la información.

11. a) 10 días.

12. a) Los solicitantes de información podrán dirigirse a las Administraciones Públicas en cualquiera de las lenguas cooficiales del Estado en el territorio en el que radique la Administración en cuestión.

13. c) Se inadmitirán a trámite, mediante resolución motivada.

14. c) Quince días.

15. d) 1 mes.

La Ley 39/2015, de 1 de octubre, de Procedimiento Administrativo Común de las Administraciones Públicas. El procedimiento administrativo: concepto y fases. El acto administrativo: concepto y clases. Los derechos de los ciudadanos ante las Administraciones Públicas

1. Los que tuvieren la condición de interesados en un procedimiento administrativo, podrán conocer del estado de la tramitación del mismo:

a) En el trámite de audiencia.
b) En el trámite de información pública.
c) En cualquier momento
d) Solo cuando lo permita el instructor del procedimiento.

2. Las medidas provisionales adoptadas antes de la iniciación del procedimiento administrativo, deberán ser confirmadas, modificadas o levantadas en el acuerdo de iniciación del procedimiento, que deberá efectuarse:

a) Dentro de los quince días siguientes a su adopción, pudiendo ser recurrido.
b) Dentro de los veinte días siguientes a su adopción, pudiendo de ser recurrido.
c) Dentro de los diez días siguientes a su adopción, sin posibilidad de ser recurrido.
d) Dentro de los veinte días siguientes a su adopción, sin posibilidad de ser recurrido.

3. Cuando el acuerdo de iniciación del procedimiento no contenga un pronunciamiento expreso acerca de las medidas provisionales previas, dichas medidas:

a) Se mantendrán, hasta la fase de alegaciones.
b) Se mantendrán, salvo que haya recurso pendiente.
c) Se prorrogaran por quince días.
d) Quedarán sin efecto.

4. Los procedimientos de naturaleza sancionadora se iniciarán:

a) De oficio o a instancia de parte.
b) Siempre a instancia de parte.

c) Siempre de oficio.
d) En virtud de denuncia.

5. Si la solicitud de iniciación del procedimiento administrativo no reúne los requisitos recogidos en la Ley 39/2015 u otros exigidos por la legislación específica aplicable:

a) Se inadmitirá la solicitud presentada por el interesado.
b) Se le dará un plazo de cinco días para que vuelva a presentar la solicitud correctamente.
c) Se le dará un plazo de veinte días para que subsane la falta o acompañe los documentos preceptivos.
d) Se le dará un plazo de diez días para que subsane la falta o acompañe los documentos preceptivos.

6. ¿Suspenderá la tramitación del procedimiento las cuestiones incidentales que se susciten en el mismo?

a) No.
b) Sí.
c) No, salvo las que se refieran a la nulidad de actuaciones.
d) No, incluso las relativas a la recusación no se suspenderán.

7. Señala cuál de las siguientes no podrá adoptarse como medidas provisionales en un procedimiento administrativo:

a) Embargo preventivo de bienes.
b) Inmovilización de cosa mueble.
c) Retirada o intervención de bienes productivos.
d) Suspensión definitiva de actividades.

8. El interesado en el procedimiento administrativo tiene derecho:

a) A formular alegaciones y a utilizar los medios de defensa admitidos por el Ordenamiento Jurídico en cualquier fase del procedimiento.
b) A formular alegaciones, a utilizar los medios de defensa admitidos por el Ordenamiento Jurídico, y a aportar documentos en cualquier fase del procedimiento anterior al trámite de audiencia.
c) A formular alegaciones y a utilizar los medios de defensa admitidos por el Ordenamiento Jurídico en cualquier fase del procedimiento, pero solo podrá aportar documentos con posterioridad al trámite de audiencia.
d) A formular alegaciones y a utilizar los medios de defensa admitidos por el Ordenamiento Jurídico en cualquier fase del procedimiento anterior al dictado de la resolución por la que se pone fin al procedimiento.

9. Contra el acuerdo de acumulación de procedimientos:

a) Cabe recurso de revisión.
b) Cabe recurso extraordinario de revisión.
c) No cabe recurso alguno.
d) Cabe recurso de alzada.

10. Los procedimientos administrativos que no tengan naturaleza sancionadora se podrán iniciar:

a) Por acuerdo del órgano competente o a petición razonada de otros órganos.
b) Por acuerdo del órgano competente, bien por propia iniciativa o como consecuencia de orden superior, a petición razonada de otros órganos o por denuncia.
c) Por denuncia solamente.
d) De oficio siempre.

11. Cuando el procedimiento se iniciara por una denuncia en la que se invocara un perjuicio en el patrimonio de las Administraciones Públicas:

a) La no iniciación del procedimiento deberá ser motivada y se notificará a los denunciantes la decisión de si se ha iniciado o no el procedimiento.
b) La iniciación del procedimiento deberá ser motivada y no se notificará a los denunciantes, si el instructor lo considera oportuno.
c) La no iniciación del procedimiento quedará a la decisión del instructor, sin necesidad de motivarla, salvo a petición del denunciante.
d) La no iniciación del procedimiento nunca deberá ser motivada.

12. Los interesados podrán solicitar el inicio de un procedimiento de responsabilidad patrimonial:

a) Siempre.
b) Dentro de los cuatro años siguientes a aquel en que se produjo el acto que motiva la indemnización.
c) Si así se dispone por sentencia.
d) Cuando no haya prescrito su derecho a reclamar.

13. El plazo de subsanación de la solicitud de iniciación del procedimiento podrá ampliarse prudencialmente, cuando la aportación de los documentos requeridos presente dificultades especiales:

a) Hasta cinco días.
b) Hasta diez días.
c) Hasta quince días.
d) Siempre por diez días más.

14. En los procedimientos de naturaleza sancionadora, ¿cuál de los siguientes no es un derecho de los presuntos responsables?

a) A ser notificado de la identidad del instructor.
b) A saber quién es la autoridad competente para imponer la sanción.
c) A ser informado de sus derechos procesales penales.
d) A ser notificado de los hechos que se le imputen.

15. ¿Hay presunción de existencia de responsabilidad administrativa mientras no se demuestre lo contrario?

a) Sí, salvo excepciones.
b) Nunca.
c) Solo en los procedimientos de naturaleza sancionadora.
d) Siempre.

En MADTEST tienes **más preguntas de este tema**, y todos tus avances quedan registrados y se reflejan en el ranking.

¡Supera tus límites con MADTEST!

Solución al test n.º 5

1. c) En cualquier momento.

2. a) Dentro de los quince días siguientes a su adopción, pudiendo ser recurrido.

3. d) Quedarán sin efecto.

4. c) Siempre de oficio.

5. d) Se le dará un plazo de diez días para que subsane la falta o acompañe los documentos preceptivos.

6. a) No.

7. d) Suspensión definitiva de actividades.

8. b) A formular alegaciones, a utilizar los medios de defensa admitidos por el Ordenamiento Jurídico, y a aportar documentos en cualquier fase del procedimiento anterior al trámite de audiencia.

9. c) No cabe recurso alguno.

10. b) Por acuerdo del órgano competente, bien por propia iniciativa o como consecuencia de orden superior, a petición razonada de otros órganos o por denuncia.

11. a) La no iniciación del procedimiento deberá ser motivada y se notificará a los denunciantes la decisión de si se ha iniciado o no el procedimiento.

12. d) Cuando no haya prescrito su derecho a reclamar.

13. a) Hasta cinco días.

14. c) A ser informado de sus derechos procesales penales.

15. b) Nunca.

TEST N.º 6

Los contratos de las Administraciones Públicas: Concepto. Tipos de contratos, principios, características y elementos. Adjudicación y Ejecución

1. La contratación administrativa en el sector público viene regulada por:

a) La Ley 9/2017, de 8 de noviembre.
b) La Ley 6/2017, de 24 de octubre.
c) La Ley 3/2017, de 27 de junio.
d) La Ley 4/2017, de 25 de septiembre.

2. Están incluidos en el ámbito de la Ley de Contratos del Sector Público:

a) La relación de servicio de los funcionarios públicos y los contratos regulados en la legislación laboral.

b) Las relaciones jurídicas consistentes en la prestación de un servicio público cuya utilización por los usuarios requiera el abono de una tarifa, tasa o precio público de aplicación general.

c) Los contratos relativos a servicios de arbitraje y conciliación.

d) Los contratos onerosos, cualquiera que sea su naturaleza jurídica, que celebren las Mutuas de Accidentes de Trabajo y Enfermedades Profesionales de la Seguridad Social.

3. Los contratos que tienen por objeto la adquisición, el arrendamiento financiero, o el arrendamiento, con o sin opción de compra, de productos o bienes muebles, son:

a) Contratos de servicios.
b) Contratos de suministro.
c) Contratos de obras.
d) Contratos de gestión de servicios públicos.

4. No se consideran contratos de suministros:

a) Aquellos en los que el empresario se obligue a entregar una pluralidad de bienes de forma sucesiva y por precio unitario sin que la cuantía total se defina con exactitud al tiempo de celebrar el contrato, por estar subordinadas las entregas a las necesidades del adquirente.

b) Los que tengan por objeto la adquisición y el arrendamiento de equipos y sistemas de telecomunicaciones o para el tratamiento de la información, sus dispositivos y programas, y la cesión del derecho de uso de estos últimos.

c) Los de adquisición de programas de ordenador desarrollados a medida.

d) Los de fabricación, por los que la cosa o cosas que hayan de ser entregadas por el empresario deban ser elaboradas con arreglo a características peculiares fijadas previamente por la entidad contratante, aun cuando esta se obligue a aportar, total o parcialmente, los materiales precisos.

5. De los siguientes, son contratos privados los contratos celebrados por una Administración Pública que tengan por objeto:

a) La suscripción a revistas, publicaciones periódicas y bases de datos.
b) La concesión de servicios públicos.
c) Los contratos de colaboración entre el sector público y el sector privado.
d) La adquisición de suministros.

6. Conforme al artículo 3.4 de la Ley 9/2017, los partidos políticos, cuando cumplan los requisitos para ser poder adjudicador y respecto de los contratos sujetos a regulación armonizada, deberán actuar conforme a los principios de publicidad, concurrencia, transparencia, igualdad y:

a) No discriminación.
b) Eficacia.
c) Sometimiento a las leyes.
d) Legitimidad.

7. En un contrato de concesión de obras, cuando no esté garantizado que, en condiciones normales de funcionamiento, el concesionario vaya a recuperar las inversiones realizadas ni a cubrir los costes en que hubiera incurrido como consecuencia de la explotación de las obras que sean objeto de la concesión, se considerará que el mismo asume un riesgo:

a) Operacional.
b) Virtual.
c) General.
d) Provisional.

8. Deberá elaborarse un proyecto y tramitarse como la Ley 9/2017 dispone para los contratos de obras, el contrato mixto en que un elemento del contrato sea una obra y esta supere:

a) Los 50.000 euros.
b) Los 100.000 euros.
c) Los 5.000 euros.
d) Los 10.000 euros.

9. No podrán ser objeto de los contratos de servicios:

a) Los que impliquen ejercicio de la autoridad inherente a los poderes públicos.
b) Los que impliquen el desarrollo o mantenimiento de aplicaciones informáticas.
c) Los que tengan por objeto el desarrollo y la puesta a disposición de productos protegidos por un derecho de propiedad intelectual o industrial.
d) Los que tengan por objeto la prestación de actividades docentes en centros del sector público desarrolladas en forma de cursos de formación o perfeccionamiento del personal al servicio de la Administración.

10. Los contratos celebrados por entidades del sector público que no reúnan la condición de poder adjudicador, tienen la consideración de:

a) Contratos administrativos.
b) Contratos privados.
c) Contratos administrativos especiales.
d) Contratos mixtos.

11. Para la Directiva 2014/23/UE, de 26 de febrero de 2014, relativa a la adjudicación de contratos de concesión, el criterio delimitador del contrato de concesión de servicios respecto del contrato de servicios es:

a) La cuantificación del coste.
b) Quién asume el riesgo operacional.
c) La exigencia o no de la clasificación del empresario.
d) La publicación en boletín oficial.

12. Según el artículo 3.2. de la LCSP, tienen la consideración de Administración Pública:

a) Las autoridades administrativas independientes.
b) Las fundaciones públicas.
c) Las Mutuas colaboradoras con la Seguridad Social.
d) Las Entidades Públicas Empresariales.

13. ¿Qué tipo de contrato fue suprimido por la Ley 9/2017 de Contratos del Sector Público?

a) El contrato de servicios.
b) El contrato mixto.
c) El contrato de concesión de servicios.
d) El contrato de colaboración público-privada.

14. ¿Cuáles de los siguientes contratos que celebren los poderes adjudicadores se perfeccionan de conformidad con la legislación por la que se rijan?

a) Los contratos basados en un acuerdo marco.
b) Los contratos menores.

c) Los contratos específicos en el marco de un sistema dinámico de adquisición.
d) Los contratos subvencionados sujetos a regulación armonizada.

15. A tenor del art. 42 de la Ley de Contratos del Sector Público, la declaración de nulidad de los actos preparatorios del contrato o de la adjudicación, cuando sea firme, llevará en todo caso consigo la del mismo contrato, que entrará en fase de:

a) Suspensión.
b) Ejecución.
c) Cancelación.
d) Liquidación.

En MADTEST tienes **más preguntas de este tema**, y todos tus avances quedan registrados y se reflejan en el ranking.

¡Supera tus límites con MADTEST!

Solución al test n.º 6

1. a) La Ley 9/2017, de 8 de noviembre.

2. d) Los contratos onerosos, cualquiera que sea su naturaleza jurídica, que celebren las Mutuas de Accidentes de Trabajo y Enfermedades Profesionales de la Seguridad Social.

3. b) Contratos de suministro.

4. c) Los de adquisición de programas de ordenador desarrollados a medida.

5. a) La suscripción a revistas, publicaciones periódicas y bases de datos.

6. a) No discriminación.

7. a) Operacional.

8. a) Los 50.000 euros.

9. a) Los que impliquen ejercicio de la autoridad inherente a los poderes públicos.

10. b) Contratos privados.

11. b) Quién asume el riesgo operacional.

12. a) Las autoridades administrativas independientes.

13. d) El contrato de colaboración público-privada.

14. d) Los contratos subvencionados sujetos a regulación armonizada.

15. d) Liquidación.

La gestión de los recursos públicos (I). El régimen jurídico del personal de la Administración Pública. El Real Decreto Legislativo 5/2015, de 30 de octubre por el que se aprueba el texto Refundido de la Ley del Estatuto Básico del Empleado Público. Tipología. Situaciones administrativas. Derechos y deberes de los empleados públicos

1. El artículo 1.3 del Real Decreto Legislativo 5/2015, de 30 de octubre, por el que se aprueba el Texto Refundido de la Ley del Estatuto Básico del Empleado Público (EBEP), señala como medio para garantizar la objetividad, profesionalidad e imparcialidad en el servicio:

a) La inamovilidad en la condición de funcionario de carrera.
b) El acceso a la función pública por criterios de mérito y capacidad.
c) La autonomía de los órganos administrativos.
d) El sistema de incompatibilidades de los empleados públicos.

2. El artículo 1.3 del EBEP, refleja como un fundamento de actuación el servicio a los ciudadanos y a:

a) Los intereses generales.
b) Los derechos y libertades de los ciudadanos.
c) Las Administraciones Públicas.
d) La Ley y el Derecho.

3. En la atribución, ordenación y desempeño de las funciones y tareas, el artículo 1.3. del EBEP señala como fundamento de actuación:

a) La igualdad.
b) La jerarquía.
c) La eficacia.
d) La transparencia.

4. En la clasificación de los empleados públicos que realiza el artículo 8 del EBEP, no figura:

a) Funcionario interino.
b) Personal laboral.
c) Funcionario de carrera.
d) Personal temporal.

5. Corresponden en exclusiva a los funcionarios públicos, en los términos que en la ley de desarrollo de cada Administración Pública se establezca, el ejercicio de las funciones que impliquen la participación directa o indirecta:

a) En el archivo y documentación de información administrativa.
b) En tareas administrativas.
c) En el ejercicio de las potestades públicas.
d) En las tareas directivas.

6. Los funcionarios interinos serán nombrados por razones expresamente justificadas de necesidad y:

a) Economía.
b) Eficacia.
c) Urgencia.
d) Calidad.

7. Se requiere la titulación de Bachiller o Técnico para el acceso al:

a) Grupo C.
b) Subgrupo C2.
c) Grupo B.
d) Subgrupo C1.

8. Los cuerpos y escalas de funcionarios se crean, modifican y suprimen por:

a) Ley de las Cortes Generales o de las asambleas legislativas de las Comunidades Autónomas.
b) Real Decreto del Consejo de Ministros o Decreto de los Consejos de Gobierno de las Comunidades Autónomas.
c) Real Decreto del Presidente del Gobierno o Decreto de los Presidentes de los Gobiernos de las Comunidades Autónomas.
d) Orden ministerial u Orden del titular del Departamento competente en materia de Función Pública.

9. En relación con el personal eventual, el EBEP dispone que:

a) El número máximo de este tipo de personal se establecerá por ley de las Cortes Generales o de las Asambleas legislativas de las Comunidades Autónomas.
b) El cese de este personal no va ligado, en ningún caso, al de la autoridad a la que se preste la función de confianza o asesoramiento.

c) La condición de personal eventual constituye mérito para el acceso a la Función Pública y para la promoción interna.

d) Este personal solo realiza funciones expresamente calificadas como de confianza o asesoramiento especial.

10. En relación con el personal directivo, el EBEP establece que:

a) Su designación atenderá a principios de mérito y capacidad.

b) Su designación atenderá a criterios de eficacia y eficiencia.

c) La determinación de sus condiciones de empleo serán objeto de negociación colectiva.

d) Cuando el personal directivo reúna la condición de funcionario estará sometido a la relación laboral de carácter especial de alta dirección.

11. El artículo 71.3 del EBEP señala que los contenidos mínimos comunes de los Registros de personal y los criterios que permitan el intercambio homogéneo de la información entre Administraciones, con respeto a lo establecido en la legislación de protección de datos de carácter personal, se establecerán por:

a) Ley.

b) Real Decreto.

c) Convenio de Conferencia Sectorial.

d) Acuerdo entre las Administraciones.

12. Los funcionarios de carrera son aquellos quienes, en virtud de nombramiento legal, están vinculados a una Administración Pública por una relación estatutaria regulada por:

a) El Derecho Laboral.

b) El Derecho Administrativo.

c) El Derecho Civil.

d) El Derecho Constitucional.

13. Pueden nombrarse funcionarios interinos para la ejecución de programas de carácter temporal, que no podrán tener una duración:

a) Inferior a 12 meses ni superior a 3 años.

b) Inferior a 3 años.

c) Superior a 3 años, ampliables hasta 12 meses más por las leyes de Función Pública que se dicten en desarrollo del EBEP.

d) Superior a 12 meses, prorrogables hasta 3 meses más.

14. Pueden nombrarse funcionarios interinos por exceso o acumulación de tareas por plazo:

a) Máximo de nueve meses, dentro de un periodo de dieciocho meses.

b) Mínimo de 6 meses y máximo de 12 meses.

c) Máximo de 12 meses.
d) Máximo de 12 meses dentro de un periodo de 3 años.

15. Para el acceso a los cuerpos o escalas del Grupo B se exigirá estar en posesión del título de:

a) Grado universitario.
b) Diplomado universitario.
c) Técnico superior.
d) Bachiller o Técnico.

En MADTEST tienes **más preguntas de este tema**, y todos tus avances quedan registrados y se reflejan en el ranking.

¡Supera tus límites con MADTEST!

Solución al test n.º 7

1. a) La inamovilidad en la condición de funcionario de carrera.

2. a) Los intereses generales.

3. b) La jerarquía.

4. d) Personal temporal.

5. c) En el ejercicio de las potestades públicas.

6. c) Urgencia

7. d) Subgrupo C1.

8. a) Ley de las Cortes Generales o de las asambleas legislativas de las comunidades autónomas.

9. d) Este personal solo realiza funciones expresamente calificadas como de confianza o asesoramiento especial.

10. a) Su designación atenderá a principios de mérito y capacidad.

11. c) Convenio de Conferencia Sectorial.

12. b) El Derecho Administrativo.

13. c) Superior a 3 años, ampliables hasta 12 meses más por las leyes de Función Pública que se dicten en desarrollo del EBEP.

14. a) Máximo de nueve meses, dentro de un periodo de dieciocho meses.

15. c) Técnico superior.

La gestión de los recursos públicos (II). Los presupuestos generales del Estado: Concepto y principios presupuestarios. Elaboración. El procedimiento administrativo de ejecución del presupuesto de gasto y fases del mismo. Órganos competentes. Documentos contables

1. Corresponde el examen, enmienda, y aprobación de los Presupuestos Generales del Estado, según el art. 134.1 de la Constitución:

a) Al Gobierno.
b) Al Estado.
c) A las Cortes Generales.
d) Al Tribunal de Cuentas.

2. La Ley General Presupuestaria está regulada por:

a) Ley 42/2003, de 26 de noviembre, General Presupuestaria.
b) Ley 47/2003, de 26 de noviembre, General Presupuestaria.
c) Decreto 47/2003, de 26 de diciembre, General Presupuestaria.
d) Ley 47/2003, de 26 de diciembre, General Presupuestaria.

3. Los Presupuestos Generales del Estado determinarán:

a) Las obligaciones económicas que, como máximo, pueden reconocer los sujetos que integran el sector público administrativo.
b) Los gastos e ingresos y las operaciones de inversión y financieras a realizar por las entidades del sector público empresarial y del sector público fundacional.
c) La estimación de los beneficios fiscales que afecten a los tributos del Estado.
d) Todas las respuestas anteriores son correctas.

4. Conforme al principio de presupuesto bruto:

a) Se ha de disponer de un cuadro único de ingreso y pagos.
b) El presupuesto debe contener la totalidad de los gastos y los ingresos, de forma separada.
c) Los ingresos y gastos deben reflejarse en el Presupuesto, sin detracción alguna, por su importe íntegro.
d) Los ingresos y gastos de la Hacienda Pública están incluidos en un único presupuesto.

5. No es un principio político presupuestario:

a) Especialidad.
b) Especificación.
c) Unidad.
d) Competencia.

6. El principio de universalidad:

a) Establece que el presupuesto debe contener la totalidad de los gastos y los ingresos, de forma separada.
b) Significa el disponer de un cuadro único de ingresos y pagos que permita una visión clara de la posición financiera del grupo político.
c) Quiere decir que todos los recursos asignados en el presupuesto a un determinado objetivo deberán invertirse exclusivamente en dicha finalidad.
d) Ninguna de las respuestas anteriores es correcta.

7. Según el principio de ejercicio cerrado:

a) Al Presupuesto de un ejercicio sólo pueden imputarse ingresos o gastos reconocidos o generados en el año natural.
b) Se ha de disponer de un cuadro único de ingresos y pagos.
c) El Presupuesto debe contener la totalidad de los gastos e ingresos.
d) Las previsiones de ingresos deben cubrir los gastos presupuestados.

8. El principio de claridad presupuestaria exige que:

a) El presupuesto sea equilibrado
b) Los créditos se aprueben por ley orgánica
c) La información sea comprensible y ordenada*
d) Exista financiación afectada

9. La definición doctrinal de presupuesto como "resumen sistemático de previsiones" corresponde a:

a) Keynes.
b) Musgrave.
c) Neumark.
d) Smith.

10. La neutralidad impositiva fue defendida principalmente por:

a) Keynes.
b) Musgrave.
c) Adam Smith.
d) Neumark.

11. La emisión de deuda pública clásica se justificaba únicamente para:

a) Financiar gasto corriente.
b) Cubrir déficits estructurales.
c) Inversiones autoliquidables.
d) Políticas sociales.

12. La Ley de Estabilidad Presupuestaria y Sostenibilidad Financiera está regulada en:

a) La Ley Orgánica 20/2001.
b) La Ley Orgánica 2/2012, de 27 de abril
c) El Real Decreto Legislativo 2/2007.
d) El Real Decreto 2/2002.

13. La Ley de Estabilidad Presupuestaria y Sostenibilidad Financiera afecta:

a) Solo al Estado.
b) Solo a las Comunidades Autónomas.
c) Solo al Estado, Comunidades Autónomas y a la Seguridad Social.
d) Las respuestas anteriores son incorrectas.

14. El ejercicio presupuestario coincide con el año natural según:

a) El artículo 32 de la LGP.
b) El artículo 33 de la LGP.
c) El artículo 34 de la LGP.
d) El artículo 37 de la LGP.

15. El hecho de que la elaboración de los presupuestos en el sector público se enmarque en un escenario plurianual compatible con el principio de anualidad por el que se rige la aprobación y ejecución presupuestaria se corresponde con el principio de:

a) Transparencia.
b) Plurianualidad.
c) Eficiencia en la asignación y utilización de los recursos públicos.
d) Estabilidad presupuestaria.

En MADTEST tienes **más preguntas de este tema**, y todos tus avances quedan registrados y se reflejan en el ranking.

¡Supera tus límites con MADTEST!

Solución al test n.º 8

1. c) A las Cortes Generales.

2. b) Ley 47/2003, de 26 de noviembre, General Presupuestaria.

3. d) Todas las respuestas anteriores son correctas.

4. c) Los ingresos y gastos deben reflejarse en el Presupuesto, sin detracción alguna, por su importe íntegro.

5. b) Especificación.

6. a) Establece que el presupuesto debe contener la totalidad de los gastos y los ingresos, de forma separada.

7. a) Al Presupuesto de un ejercicio sólo pueden imputarse ingresos o gastos reconocidos o generados en el año natural.

8. c) La información sea comprensible y ordenada.

9. c) Neumark.

10. c) Adam Smith.

11. c) Inversiones autoliquidables.

12. b) La Ley Orgánica 2/2012, de 27 de abril.

13. d) Las respuestas anteriores son incorrectas.

14. c) El artículo 34 de la LGP.

15. b) Plurianualidad.

TEST N.º 9

La Ley 14/2011, de 1 de junio, de la Ciencia, la Tecnología y la Innovación. Sistema Español de Ciencia, Tecnología e Innovación. Ley 17/2022, de 5 de septiembre, por la que se modifica la Ley 14/2011, de 1 de junio, de la Ciencia, la Tecnología y la Innovación

1. El Sistema Español de Ciencia, Tecnología e Innovación se rige por los principios de:

a) Calidad, coordinación y cooperación.
b) Eficacia, eficiencia, competencia y transparencia.
c) Internacionalización, evaluación de resultados, igualdad de oportunidades y rendición de cuentas.
d) Todos los anteriores son correctos.

2. ¿Cuál es el órgano de cooperación y coordinación general de la investigación científica y técnica del Estado y las Comunidades Autónomas?

a) El Consejo de Política Científica, Tecnológica y de Innovación.
b) La Comisión Política Científica, Tecnológica y de Innovación.
c) El Consejo de Tecnología e Innovación.
d) La Comisión de Tecnología e Innovación.

3. El órgano de participación de la comunidad científica y tecnológica y de los agentes económicos y sociales en los asuntos relacionados con la ciencia, la tecnología y la innovación, se denomina:

a) Consejo Asesor de Política Científica, Tecnológica y de Innovación.
b) Consejo Asesor de Ciencia, Tecnología e Innovación.
c) Comité de Ciencia, Tecnología e Innovación.
d) Comité Tecnológico y científico.

4. El personal investigador funcionario se regirá por lo dispuesto en:

a) La Ley 9/2015, de 6 de mayo.
b) El Real Decreto Legislativo 5/2015, de 30 de octubre.

c) La Ley 14/2011, de 1 de junio.
d) Las respuestas b) y c) son correctas.

5. Señala la opción incorrecta. Según el artículo 16.2 de la Ley 14/2011, los procesos de selección del personal investigador respetarán los principios de:

a) Transparencia.
b) Imparcialidad y profesionalidad de los miembros de los órganos de selección.
c) Dependencia técnica en la actuación de los órganos de selección.
d) Publicidad de las convocatorias y de sus bases.

6. Los procesos de selección de personal investigador que preste servicios en la Universidad, se regirán por lo establecido en:

a) La Ley 12/2000, de 6 e marzo, y su normativa de desarrollo.
b) La Ley Orgánica 7/2012, de 19 de junio y su normativa de desarrollo.
c) La Ley Orgánica 6/2001, de 21 de diciembre, y su normativa de desarrollo.
d) La Ley 19/2016, de 20 de febrero, y su normativa de desarrollo.

7. El personal de investigación funcionario de carrera o laboral fijo que preste servicios en agentes públicos del Sistema Español de Ciencia, Tecnología e Innovación, podrá ser declarado en situación de excedencia temporal para su incorporación a otros agentes públicos de ejecución del Sistema Español de Ciencia, Tecnología e Innovación, siempre que no proceda la situación administrativa de servicio activa y tenga una antigüedad minima de:

a) Cinco años.
b) Seis años.
c) Siete años.
d) Diez años.

8. La duración de la excedencia temporal de la pregunta anterior, no podrá ser superior a:

a) Cinco años.
b) Seis años.
c) Siete años.
d) Ocho años.

9. El Consejo de Política Científica, Tecnológica y de Innovación, está adscrito al:

a) Ministerio de Educación y Formación Profesional.
b) Ministerio de Universidades.
c) Ministerio de Ciencia, Innovación y Universidades.
d) Ministerio de Derechos Sociales y Agenda 2030.

10. Señala la opción incorrecta. Las modalidades de contrato de trabajo específicas del personal investigador son las siguientes:

a) Contrato de actividades científico-técnicas.
b) Contrato de investigador/a distinguido/a.
c) Contrato de acceso de personal investigador doctor.
d) Contrato posdoctoral.

11. El contrato de acceso de personal investigador doctor, tendrá una duración:

a) De al menos de dos años, y podrá prorrogarse hasta el límite máximo de cuatro años.
b) De al menos de tres años, y podrá prorrogarse hasta el límite máximo de seis años.
c) De al menos de tres años, y podrá prorrogarse hasta el límite máximo de cinco años.
d) De al menos de dos años, y podrá prorrogarse hasta el límite máximo de siete años.

12. El contrato de acceso de personal investigador doctor, cuando el contrato se concierte con una persona con discapacidad, el contrato podrá alcanzar una duración máxima, prórrogas incluidas de:

a) Ocho años.
b) Nueve años.
c) Diez años.
d) Doce años.

13. Señala la opción incorrecta. El personal investigador funcionario de carrera al servicio de los Organismos Públicos de Investigación de la Administración General del Estado, se agrupa en:

a) Escala de Personal Investigador Científico de Organismos Públicos de Investigación.
b) Escala de Personal Investigador Titular de Organismos Públicos de Investigación.
c) Escala de Profesorado de Investigación de Organismos Públicos de Investigación.
d) Escala de Personal Científico Titular de Organismos Públicos de Investigación.

14. ¿Cuál de los siguientes no es una escala del personal técnico funcionario de carrera al servicio de los Organismos Públicos de Investigación de la Administración General del Estado?

a) Científicos Superiores de la Defensa.
b) Ayudantes de Investigación de Organismos Públicos de Investigación.
c) Auxiliares Técnicos Especializados de Investigación de Organismos Públicos de Investigación.
d) Tecnólogos de Organismos Públicos de Investigación.

15. La compra pública de innovación podrá adoptar alguna de las modalidades siguientes:

a) Compra pública de tecnología innovadora o compra pública precomercial.
b) Compra pública de tecnología innovadora o compra pública poscomercial.
c) Compra pública de tecnología tradicional o compra pública intracomercial.
d) Compra pública de tecnología tradicional o compra pública poscomercial.

En MADTEST tienes **más preguntas de este tema**, y todos tus avances quedan registrados y se reflejan en el ranking.

¡Supera tus límites con MADTEST!

Solución al test n.º 9

1. d) Todos los anteriores son correctos.

2. a) El Consejo de Política Científica, Tecnológica y de Innovación.

3. b) Consejo Asesor de Ciencia, Tecnología e Innovación.

4. d) Las respuestas b) y c) son correctas.

5. c) Dependencia técnica en la actuación de los órganos de selección.

6. c) La Ley Orgánica 6/2001, de 21 de diciembre, y su normativa de desarrollo.

7. a) Cinco años.

8. a) Cinco años.

9. c) Ministerio de Ciencia, Innovación y Universidades..

10. d) Contrato posdoctoral.

11. b) De al menos de tres años, y podrá prorrogarse hasta el límite máximo de seis años.

12. a) Ocho años.

13. b) Escala de Personal Investigador Titular de Organismos Públicos de Investigación.

14. c) Auxiliares Técnicos Especializados de Investigación de Organismos Públicos de Investigación.

15. a) Compra pública de tecnología innovadora o compra pública precomercial.

**El Sistema Español de Ciencia, Tecnología e Innovación (I).
El Ministerio de Ciencia, Innovación y Universidades: competencias
y estructura. La Gobernanza del sistema Español de Ciencia
Tecnología e Innovación**

1. Entre los objetivos generales de la Ley 14/2011, la ciencia básica o fundamental se concibe como:

a) Un instrumento subordinado a la transferencia tecnológica.
b) Un bien común con valor intrínseco y autosuficiente para generar conocimiento.
c) Una actividad prioritaria solo cuando tenga aplicación industrial directa.
d) Un ámbito reservado a los organismos públicos de investigación.

2. La transferencia de conocimiento, según la Ley 14/2011, debe caracterizarse por:

a) Producirse de manera unidireccional desde la universidad hacia la empresa.
b) Limitarse a sectores estratégicos definidos por la Administración General del Estado.
c) Favorecer únicamente la competitividad empresarial.
d) Desarrollarse en ambos sentidos, beneficiando tanto al ámbito productivo como al público.

3. ¿Qué se entiende por innovación pública en el marco de la Ley 14/2011?

a) La innovación promovida exclusivamente por entidades privadas mediante incentivos fiscales.
b) La innovación basada en evidencias, protagonizada por el sector público y orientada a políticas públicas.
c) La innovación tecnológica aplicada a servicios externalizados.
d) La innovación desarrollada en colaboración con universidades extranjeras.

4. ¿Quién ejerce la coordinación general de las actuaciones en materia de investigación científica y técnica en el Sistema Español de Ciencia, Tecnología e Innovación?

a) Las Comunidades Autónomas, de forma conjunta.
b) Los Organismos Públicos de Investigación.

c) El Ministerio de Ciencia, Innovación y Universidades.

d) La Administración General del Estado, a través de los instrumentos previstos en la Ley 14/2011.

5. ¿Cuál de las siguientes entidades tiene la consideración de agente de financiación adscrito al Ministerio de Ciencia, Innovación y Universidades?

a) El Consejo Superior de Investigaciones Científicas.

b) Las universidades públicas.

c) Las fundaciones privadas de investigación.

d) La Agencia Estatal de Investigación.

6. ¿Cuál de los siguientes principios rige el Sistema Español de Ciencia, Tecnología e Innovación según el artículo 4 de la Ley 14/2011?

a) Centralización competencial.

b) Jerarquía administrativa.

c) Evaluación de resultados y rendición de cuentas.

d) Exclusividad del sector público.

7. En los procesos de evaluación por pares previstos en la Ley 14/2011:

a) Los evaluadores deben ser siempre identificables públicamente.

b) Se garantiza el anonimato de los evaluadores, sin constancia administrativa de su identidad.

c) Se protege el anonimato de los evaluadores, aunque su identidad conste en el expediente administrativo.

d) Solo pueden participar evaluadores nacionales.

8. Según la Ley 14/2011, ¿cuál de las siguientes NO se encuentra entre las funciones específicas asignadas a la Secretaría General de Innovación?

a) La gestión de actuaciones relacionadas con la Red Impulso – Red de Ciudades de la Ciencia y la Innovación.

b) La dirección estratégica del Consejo Superior de Investigaciones Científicas (CSIC).

c) La coordinación de la actividad del Grupo de Trabajo Interministerial del PERTE Aeroespacial.

d) El impulso de programas conjuntos con comunidades autónomas en materia de innovación.

9. En relación con la composición del Consejo de Política Científica, Tecnológica y de Innovación, ¿qué afirmación es correcta?

a) La Administración General del Estado dispone de dos tercios de los votos totales del Consejo.

b) Cada Comunidad Autónoma dispone de un voto, independientemente del número de representantes asistentes.

c) La vicepresidencia corresponde rotatoriamente a los ministerios designados por el Gobierno.

d) Los acuerdos requieren unanimidad cuando afecten al presupuesto de las Comunidades Autónomas.

10. Respecto a la Estrategia Española de Ciencia, Tecnología e Innovación, ¿cuál de los siguientes elementos NO está expresamente contemplado en su contenido según el artículo 6 de la Ley 14/2011?

a) Los mecanismos de articulación con las políticas sectoriales de la Unión Europe.

b) Los objetivos de los planes de investigación de la Administración General del Estado y de las CCAA.

c) El procedimiento específico de resolución de conflictos competenciales entre administraciones.

d) Los objetivos y sus indicadores de logro de las líneas de investigación como palancas para la cohesión territorial.

11. ¿Qué mayoría se requiere en el Consejo de Política Científica, Tecnológica y de Innovación para aprobar los criterios de intercambio de información en el Sistema de Información sobre Ciencia, Tecnología e Innovación?

a) Mayoría simple de los miembros presentes.

b) Mayoría absoluta de todos los miembros del Consejo.

c) Unanimidad de las Comunidades Autónomas y mayoría simple del Estado.

d) Mayoría de dos tercios de los miembros del Consejo.

12. En relación con el Comité Español de Ética de la Investigación, ¿cuál es la duración del mandato de sus miembros?

a) Tres años, renovables indefinidamente.

b) Cuatro años, renovables por una sola vez.

c) Cinco años, no renovables.

d) Seis años, renovables por mitades cada tres años.

13. Según el Real Decreto 472/2024, ¿cuál de las siguientes unidades NO depende directamente de la Secretaría de Estado de Ciencia, Innovación y Universidades?

a) La Secretaría General Técnica.

b) La Secretaría General de Investigación.

c) El Comisionado del PERTE para la Salud de Vanguardia.

d) La Dirección General de Planificación, Coordinación y Transferencia de Conocimiento.

14. ¿Qué órgano ostenta la presidencia de la Fundación Española para la Ciencia y la Tecnología (FECYT)?

a) El titular del Ministerio de Ciencia, Innovación y Universidades.

b) El titular de la Secretaría de Estado de Ciencia, Innovación y Universidades.

c) El titular de la Secretaría General de Investigación.
d) El titular de la Subsecretaría de Ciencia, Innovación y Universidades.

15. Respecto al Consejo Asesor de Ciencia, Tecnología e Innovación, ¿qué proporción mínima de sus miembros debe pertenecer a la comunidad científica, tecnológica o innovadora de prestigio contrastado?

a) La mitad de sus miembros.
b) Tres quintos de sus miembros.
c) Tres cuartos de sus miembros.
d) Dos tercios de sus miembros.

En MADTEST tienes **más preguntas de este tema**, y todos tus avances quedan registrados y se reflejan en el ranking.

¡Supera tus límites con MADTEST!

Solución al test n.º 10

1. b) Un bien común con valor intrínseco y autosuficiente para generar conocimiento.

2. d) Desarrollarse en ambos sentidos, beneficiando tanto al ámbito productivo como al público.

3. b) La innovación basada en evidencias, protagonizada por el sector público y orientada a políticas públicas.

4. d) La Administración General del Estado, a través de los instrumentos previstos en la Ley 14/2011.

5. d) La Agencia Estatal de Investigación.

6. c) Evaluación de resultados y rendición de cuentas.

7. c) Se protege el anonimato de los evaluadores, aunque su identidad conste en el expediente administrativo.

8. b) La dirección estratégica del Consejo Superior de Investigaciones Científicas (CSIC).

9. b) Cada Comunidad Autónoma dispone de un voto, independientemente del número de representantes asistentes.

10. c) El procedimiento específico de resolución de conflictos competenciales entre administraciones.

11. d) Mayoría de dos tercios de los miembros del Consejo.

12. b) Cuatro años, renovables por una sola vez.

13. a) La Secretaría General Técnica.

14. b) El titular de la Secretaría de Estado de Ciencia, Innovación y Universidades.

15. d) Dos tercios de sus miembros.

TEST N.º 11

El Sistema Español de Ciencia, Tecnología e Innovación (II). Los organismos públicos de investigación: naturaleza, regulación y competencias

1. Según el artículo 47 de la Ley 14/2011, de 1 de junio, de la Ciencia, la Tecnología y la Innovación, se denominan Organismos Públicos de Investigación a aquellas:

a) Instituciones creadas por la Administración autonómica para la ejecución directa de actividades de investigación científica y técnica.
b) Instituciones creadas por la Administración General del Estado para la realización directa de actividades de investigación científica y técnica.
c) Instituciones de carácter privado para la ejecución directa de actividades de investigación científica y técnica.
d) Instituciones de la investigación de carácter público y privado.

2. ¿A qué organismo público de investigación corresponden las siglas INTA?

a) Al Instituto Nacional de Termodinámica y Astrofísica.
b) Al Instituto Nacional de Técnica Aeroespacial.
c) Al Instituto Nacional de Tecnología y Arquitectura.
d) Al Instituto Nacional de Tecnología Agraria.

3. ¿Cuál de los siguientes organismos no tiene la consideración de Organismo Público de Investigación de la Administración General del Estado?

a) El Centro de Investigaciones Energéticas Medioambientales y Tecnológicas.
b) El Instituto de Salud Carlos III.
c) El Centro Nacional de Información Geográfica.
d) El Instituto de Astrofísica de Canarias.

4. ¿Cuál de los siguientes Organismos Públicos de Investigación de la Administración General del Estado tiene una naturaleza consorcial?

a) La Agencia Estatal Consejo Superior de Investigaciones Científicas.
b) El Instituto Nacional de Técnica Aeroespacial.
c) El Instituto de Salud Carlos III.
d) El Instituto de Astrofísica de Canarias.

5. ¿Cuál de los siguientes Organismos Públicos NO está integrado en el CSIC?

a) Instituto Geológico y Minero de España.
b) Instituto Español de Oceanografía.
c) Instituto Nacional de Investigación y Tecnología Agraria y Alimentaria.
d) Instituto Nacional de Técnica Aeroespacial.

6. ¿Cuál de los siguientes Organismos Autónomos de Investigación realiza, entre otras funciones, actividades de financiación de la investigación científica y técnica?

a) La Agencia Estatal Consejo Superior de Investigaciones Científicas.
b) El Instituto de Salud Carlos III.
c) El Centro de Investigaciones Energéticas Medioambientales y Tecnológicas.
d) El Instituto de Astrofísica de Canarias.

7. La Agencia Estatal Consejo Superior de Investigaciones Científicas se creó en el año:

a) 2003.
b) 2007.
c) 2009.
d) 2011.

8. No es un órgano colegiado de apoyo al Presidente de la Agencia Estatal Consejo Superior de Investigaciones Científicas:

a) El Consejo Rector.
b) La Comisión de Control.
c) El Comité de Ética.
d) El Comité Científico Asesor.

9. ¿Cuál de las siguientes funciones del Presidente de la Agencia Estatal Consejo Superior de Investigaciones Científicas es indelegable?

a) Aprobar y comprometer los gastos, reconocer las obligaciones económicas, efectuar los libramientos correspondientes, así como la rendición de cuentas del CSIC.
b) La selección, previo convenio, en su caso, al efecto y la provisión de puestos de trabajo de personal funcionario y la contratación de personal laboral de la Agencia.
c) Presidir el Comité Científico Asesor.
d) Desempeñar la jefatura superior de todo el personal del CSIC.

10. ¿Cuántos consejeros hay en el Consejo Rector de la Agencia Estatal Consejo Superior de Investigaciones Científicas por designación de las organizaciones sindicales más representativas?

a) Uno.
b) Dos.

c) Tres.
d) Cuatro.

11. ¿Quién aprueba la propuesta de oferta de empleo público del CSIC?

a) El Consejo de Ministros.
b) El Ministro de Ciencia e Innovación.
c) El Presidente del CSIC.
d) El Consejo Rector del CSIC.

12. ¿Con cuántas Vicepresidencias cuenta el CSIC?

a) Con ninguna.
b) Con una.
c) Con dos.
d) Con tres.

13. El Consejo Rector del CSIC se reunirá en sesión ordinaria, al menos:

a) Una vez al año.
b) Dos veces al año.
c) Tres veces al año.
d) Cuatro veces al año.

14. El número de vicepresidencias adjuntas y secretarías generales adjuntas del CSIC será en total de:

a) Nueve.
b) Doce.
c) Siete.
d) Catorce.

15. La investigación en el CSIC se extiende en tres Áreas Globales, entre las que NO figura:

a) Sociedad.
b) Materia.
c) Espacio.
d) Vida.

En MADTEST tienes **más preguntas de este tema**, y todos tus avances quedan registrados y se reflejan en el ranking.

¡Supera tus límites con MADTEST!

Solución al test n.º 11

1. b) Instituciones creadas por la Administración General del Estado para la realización directa de actividades de investigación científica y técnica.

2. b) Al Instituto Nacional de Técnica Aeroespacial.

3. c) El Centro Nacional de Información Geográfica.

4. d) El Instituto de Astrofísica de Canarias.

5. d) Instituto Nacional de Técnica Aeroespacial.

6. b) El Instituto de Salud Carlos III.

7. b) 2007.

8. a) El Consejo Rector.

9. d) Desempeñar la jefatura superior de todo el personal del CSIC.

10. c) Tres.

11. d) El Consejo Rector del CSIC.

12. d) Con tres.

13. d) Cuatro veces al año.

14. b) Doce.

15. c) Espacio.

**El Sistema Español de Ciencia, Tecnología e Innovación (III).
Las Comunidades Autónomas y su participación en el SECTI.
Las Universidades**

1. La Constitución Española:

a) Otorga competencias de fomento de la Investigación en exclusiva al Estado.
b) Otorga competencias de fomento de la investigación al Estado y a las Comunidades Autónomas.
c) Otorga competencias de fomento de la innovación al Estado y a las Comunidades Autónomas.
d) Reserva las competencias de innovación al Estado.

2. Las Comunidades Autónomas se encuentran sometidas a la coordinación general del Estado en el campo de:

a) La innovación.
b) La Investigación, pero no en el de la Tecnología y la Innovación.
c) La Ciencia y la Tecnología, pero no en el de la Innovación.
d) Las Comunidades Autónomas tienen competencia exclusiva tanto en Ciencia y Tecnología como en Innovación.

3. ¿Cuál es el órgano de cooperación y coordinación general de la investigación científica y técnica del Estado y las Comunidades Autónomas?

a) El Consejo de Política Científica, Tecnológica y de Innovación.
b) La Comisión Delegada del Gobierno para Política Científica, Tecnológica y de Innovación.
c) El Consejo Asesor de Ciencia, Tecnología e Innovación.
d) El Comité Español de Ética de la Investigación.

4. Tal como señala el artículo 3 de la Ley 14/2011, el Sistema Español de Ciencia, Tecnología e Innovación está integrado, en lo que al ámbito público se refiere:

a) Por las políticas públicas desarrolladas por la Administración General del Estado.
b) Por las políticas públicas desarrolladas por la Administración General de Estado y por las desarrolladas, en su propio ámbito, por las Comunidades Autónomas.

c) Por las políticas públicas desarrolladas por la Administración General de Estado y por las desarrolladas, en su propio ámbito, por las Comunidades Autónomas y las Entidades Locales.

d) Por las políticas públicas desarrolladas por las Universidades.

5. Según el artículo 4.2 de la Ley 14/2011, el Sistema Español de Ciencia, Tecnología e Innovación se basa en la colaboración, la coordinación y la .... administrativas interinstitucionales dentro del respeto al reparto competencial establecido en la Constitución y en cada uno de los Estatutos de Autonomía, y en el encaje y complementariedad del Sistema con el marco comunitario europeo. ¿Qué palabra falta en la frase?

a) Interoperabilidad.
b) Participación.
c) Planificación.
d) Cooperación.

6. Las Infraestructuras Científicas y Técnicas Singulares:

a) Son infraestructuras de titularidad pública o privada.
b) Pertenecen o son gestionadas por entidades públicas dependientes de la Administración General del Estado.
c) Son únicas en su especie.
d) Están cerradas al acceso competitivo de usuarios de la comunidad investigadora procedentes del sector privado.

7. El vigente Mapa Nacional de Infraestructuras Científicas y Técnicas Singulares (2025-2028), se compone del siguiente número de ICTS:

a) 7.
b) 13.
c) 21.
d) 28.

8. ¿Qué componente del Plan de Recuperación, Transformación y Resiliencia se refiere a la reforma institucional y fortalecimiento de las capacidades del sistema nacional de ciencia, tecnología e innovación?

a) El componente 9.
b) El componente 17.
c) El componente 23.
d) El componente 29.

9. ¿Qué instrumento contempla el Plan de Recuperación, Transformación y Resiliencia para establecer colaboraciones entre el Estado y las Comunidades Autónomas en acciones de I+D+i en las que confluyan prioridades comunes de los planes regionales y estatal y que permitan establecer sinergias, aumentando la eficacia de las políticas públicas en ciertas áreas estratégicas?

a) Los Planes Complementarios.
b) Las Estrategias de Coordinación.
c) Las Líneas de Actuación.
d) Las Áreas de Interés Científico-Técnicas.

10. Entre las 8 áreas de interés científico-técnico seleccionadas para la ejecución de los Planes Complementarios, NO figura:

a) Agroalimentación.
b) Materiales avanzados.
c) Energía e hidrógeno renovable.
d) Matemáticas aplicadas.

11. Con el propósito de construir sinergias territoriales, los Planes Complementarios contemplan la participación de varias CCAA en un programa, con la posibilidad de participar en varios de ellos. Los programas tendrán una duración de:

a) Anual.
b) 2 o 3 años.
c) Entre 5 y 10 años.
d) Indefinida.

12. ¿Cuál de las siguientes Comunidades Autónomas participa en el programa de Biotecnología aplicada a la salud?

a) Comunidad de Madrid.
b) Comunidad Valenciana.
c) Extremadura.
d) Canarias.

13. ¿Cuál de las siguientes Comunidades Autónomas es una de las participantes del programa de Comunicación Cuántica?

a) Andalucía.
b) Galicia.
c) Asturias.
d) Aragón.

14. ¿En cuál de los siguientes programas NO participa la Comunidad Autónoma del País Vasco?

a) Materiales avanzados.
b) Energía e hidrógeno renovable.
c) Biodiversidad.
d) Astrofísica y física de altas energías.

15. Tal como establece el artículo 34 de la Ley 14/2011, los agentes públicos de financiación o ejecución del Sistema Español de Ciencia, Tecnología e Innovación, incluidas las Administraciones Públicas, las universidades públicas, los organismos públicos de investigación de la Administración General del Estado, los consorcios y fundaciones participadas por las administraciones públicas, los organismos de investigación de otras administraciones públicas, y los centros e instituciones del Sistema Nacional de Salud, podrán suscribir convenios sujetos al derecho administrativo. En relación a cuál de las siguientes actividades, los convenios que afecten a consorcios de infraestructuras de investigación europeas podrán tener vigencia indefinida:

a) Divulgación científica y tecnológica.
b) Financiación de proyectos científico-técnicos singulares.
c) Creación o financiación de centros, institutos, consorcios o unidades de investigación, e infraestructuras científicas.
d) Formación de personal científico y técnico.

En MADTEST tienes **más preguntas de este tema**, y todos tus avances quedan registrados y se reflejan en el ranking.

¡Supera tus límites con MADTEST!

Solución al test n.º 12

1. b) Otorga competencias de fomento de la investigación al Estado y a las Comunidades Autónomas.

2. c) La Ciencia y la Tecnología, pero no en el de la Innovación.

3. a) El Consejo de Política Científica, Tecnológica y de Innovación.

4. b) Por las políticas públicas desarrolladas por la Administración General de Estado y por las desarrolladas, en su propio ámbito, por las Comunidades Autónomas.

5. d) Cooperación.

6. c) Son únicas en su especie.

7. d) 28.

8. b) El componente 17.

9. a) Los Planes Complementarios.

10. d) Matemáticas aplicadas.

11. b) 2 o 3 años.

12. c) Extremadura.

13. b) Galicia.

14. d) Astrofísica y física de altas energías.

15. c) Creación o financiación de centros, institutos, consorcios o unidades de investigación, e infraestructuras científicas.

TEST N.º 13

La Política y Estrategia Europea de Investigación, Desarrollo Tecnológico e Innovación. El Espacio Europeo de Investigación (ERA) y su Gobernanza

1.La base jurídica de la política de investigación y desarrollo tecnológico está en:

a) La Segunda Parte, Título XIX, del Tratado de Funcionamiento de la Unión Europea, artículos 179 a 190, bajo el epígrafe Investigación y Desarrollo Tecnológico y Espacio.
b) La Tercera Parte, Título XX, del Tratado de Funcionamiento de la Unión Europea, artículos 179 a 190, bajo el epígrafe Investigación y Desarrollo Tecnológico y Espacio.
c) La Tercera Parte, Título XIX, del Tratado de Funcionamiento de la Unión Europea, artículos 179 a 190, bajo el epígrafe Investigación y Desarrollo Tecnológico y Espacio.
d) La Tercera Parte, Título XIX, del Tratado de Funcionamiento de la Unión Europea, artículos 279 a 290, bajo el epígrafe Investigación y Desarrollo Tecnológico y Espacio.

2. De acuerdo con el Tratado de Funcionamiento de la Unión Europea (en adelante TFUE), la Unión y sus Estados miembros coordinarán su acción en materia de investigación y de desarrollo tecnológico, con el fin de garantizar:

a) La coordinación recíproca de las políticas nacionales y de la política de la Unión.
b) La coherencia de las políticas nacionales y de la política de la Unión.
c) La reciprocidad de las políticas nacionales y de la política de la Unión, así como la prevista en los Tratados Internacionales.
d) La coherencia recíproca de las políticas nacionales y de la política de la Unión.

3. De acuerdo con el TFUE, establecerán un programa marco plurianual que incluirá el conjunto de las acciones de la Unión:

a) El Consejo, previa consulta al Comité Económico y Social.
b) El Parlamento Europeo y el Consejo, con arreglo al procedimiento legislativo ordinario y previa consulta al Comité Económico y Social.
c) El Parlamento Europeo y la Comisión, con arreglo al procedimiento legislativo ordinario y previa consulta al Comité Económico y Social.
d) La Comisión y el Consejo, y previa consulta al Comité Económico y Social.

4. De acuerdo con el TFUE, el programa marco:

a) Fijará los objetivos científicos y tecnológicos que deban alcanzarse y las prioridades correspondientes.
b) Indicará las grandes líneas de dichas acciones.
c) Fijará el importe global máximo y la participación financiera de la Unión en el programa marco, así como la proporción representada por cada una de las acciones previstas.
d) Todas son correctas.

5. De acuerdo con el TFUE, el programa marco se ejecutará mediante:

a) Programas específicos desarrollados dentro de cada una de las acciones.
b) Programas sectoriales desarrollados dentro de cada una de las acciones.
c) Programas específicos desarrollados dentro de cada una de las secciones.
d) Convenios específicos desarrollados dentro de cada una de las acciones.

6. De acuerdo con el TFUE, en la ejecución del programa marco plurianual, la Unión podrá prever:

a) La realización de Tratados en materia de investigación, de desarrollo tecnológico y de demostración de la Unión con terceros países o con organizaciones internacionales.
b) Una cooperación en materia de investigación, de desarrollo tecnológico y de demostración de la Unión con terceros países o con organizaciones internacionales.
c) Una colaboración en materia de investigación, de desarrollo tecnológico y de demostración de la Unión con los países de la propia UE.
d) Una cooperación internacional para el desarrollo tecnológico de las energías renovables.

7. De acuerdo con el TFUE, a fin de favorecer el progreso científico y técnico, la competitividad industrial y la aplicación de sus políticas, la Unión elaborará una política:

a) Medioambiental europea.
b) Científica europea.
c) Espacial europea.
d) Tecnológica europea.

8. De acuerdo con el TFUE, se presentará un informe que versará en particular sobre las actividades realizadas en materia de investigación y desarrollo tecnológico y de difusión de los resultados durante el año precedente, así como sobre el programa de trabajo del año en curso. El citado informe:

a) Se presentará al principio de cada año por la Comisión al Parlamento Europeo y al Consejo.
b) Se presentará cada dos meses por la Comisión al Parlamento Europeo y al Consejo.
c) Se presentará al principio de cada año por el Parlamento a la Comisión y al Consejo.
d) Se presentará al final del programa por la Comisión al Parlamento Europeo y al Consejo.

9. ¿Qué órgano se creó en el 2008 con miras a fomentar y ofrecer innovación de vanguardia a escala mundial mediante la creación de comunidades de conocimiento e innovación estrechamente integradas?

a) El Consejo de Investigación.
b) El Instituto Europeo de Innovación y Tecnología.
c) El Instituto de Cooperación Tecnológica.
d) El Centro de Tecnología Europea.

10. De acuerdo con el TFUE, los programas específicos serán adoptados por:

a) El Parlamento y la Comisión.
b) El Consejo, con arreglo a un procedimiento legislativo ordinario y previa consulta al Parlamento Europeo y al Comité Económico y Social.
c) El Consejo, con arreglo a un procedimiento legislativo especial y previa consulta al Parlamento Europeo y al Comité de las Regiones.
d) El Consejo, con arreglo a un procedimiento legislativo especial y previa consulta al Parlamento Europeo y al Comité Económico y Social.

11.El actual Espacio Europeo de investigación va del periodo:

a)2025-2027.
b)2024-2027.
c)2025-2028.
d)2021-2028.

12. Cuando nos referimos a un área de investigación europea unificada, abierta al mundo y basada en el mercado interior, nos estamos refiriendo a:

a) Las políticas de investigación.
b) El Espacio Europeo de Investigación y Tecnología, ERA.
c) El Espacio Europeo de Investigación, EEI, que en inglés se denomina ERA, European *Resarch Area*.
d) La gobernanza Europa en política de tecnología e innovación.

13. El objetivo del Espacio Europeo de Investigación es:

a) Fomentar la investigación y el desarrollo.
b) Crear un mercado único y sin fronteras de la UE para la investigación, la innovación y la tecnología.
c) Coordinar la investigación, la innovación y la tecnología.
d) Crear una serie de organismos europeos para impulsar el desarrollo y la investigación.

14. El Espacio Europeo de Investigación:

a) Se puso marcha en 2003 y ha contribuido a impulsar la investigación y la innovación de la UE fomentando la libre circulación de investigadores y conocimientos y armonizando las políticas y programas nacionales de investigación.

b) Se puso marcha en 2000 y ha contribuido a impulsar la investigación y la innovación de la UE fomentando la libre circulación de investigadores y conocimientos y armonizando las políticas y programas nacionales de investigación.

c) Se puso marcha en 2000 y ha contribuido a impulsar la investigación y la innovación de la UE fomentando el intercambio de tecnología con terceros países.

d) Se puso marcha en 1983 y ha contribuido a impulsar la investigación y la innovación de la UE fomentando la libre circulación de investigadores y conocimientos y armonizando las políticas y programas nacionales de investigación.

15.Las políticas estructurales y las acciones del EEI se organizan en torno a los siguientes ámbitos prioritarios:

a) Tres ámbitos prioritarios.
c) Siete ámbitos prioritarios.
c) Diez ámbitos prioritarios.
d) Cuatro ámbitos prioritarios.

En MADTEST tienes **más preguntas de este tema**, y todos tus avances quedan registrados y se reflejan en el ranking.

¡Supera tus límites con MADTEST!

Solución al test n.º 13

1. c) La Tercera Parte, Título XIX, del Tratado de Funcionamiento de la Unión Europea, artículo 179 a 190, bajo el epígrafe Investigación y Desarrollo Tecnológico y Espacio.

2. d) La coherencia recíproca de las políticas nacionales y de la política de la Unión.

3. b) El Parlamento Europeo y el Consejo, con arreglo al procedimiento legislativo ordinario y previa consulta al Comité Económico y Social.

4. d) Todas son correctas.

5. a) Programas específicos desarrollados dentro de cada una de las acciones.

6. b) Una cooperación en materia de investigación, de desarrollo tecnológico y de demostración de la Unión con terceros países o con organizaciones internacionales.

7. c) Espacial europea.

8. a) Se presentará al principio de cada año por la Comisión al Parlamento Europeo y al Consejo.

9. b) El Instituto Europeo de Innovación y Tecnología.

10. d) El Consejo, con arreglo a un procedimiento legislativo especial y previa consulta al Parlamento Europeo y al Comité Económico y Social.

11. a)2025-2027.

12. c) El Espacio Europeo de Investigación, EEI, que en inglés se denomina ERA, European Resarch Area.

13. b) Crear un mercado único y sin fronteras de la UE para la investigación, la innovación y la tecnología.

14. b) Se puso marcha en 2000 y ha contribuido a impulsar la investigación y la innovación de la UE fomentando la libre circulación de investigadores y conocimientos y armonizando las políticas y programas nacionales de investigación.

15. d) Cuatro ámbitos prioritarios.

TEST N.º 14

**Programa Marco de la Unión Europea. Concepto. Principios y
Objetivos estratégicos. Acciones transversales**

1.El actual programa marco se denomina:

a) Horizonte Europa.
b) Horizonte Europea 2027.
c) Horizonte 2027.
d) Europa 2027.

2. El actual programa marco es:

a) Octavo.
b) Noveno.
c) Décimo.
d) Séptimo.

3.El actual programa marco va desde:

a) 2021-2027.
b) 2022-2027.
c) 2020-2027.
d) 2022-2025.

4.El actual programa marco de la UE está regulado básicamente en:

a) El Reglamento 2021/695 del Parlamento Europeo y del Consejo de 28 de abril.
b) El Reglamento 2022/695 del Parlamento Europeo y del Consejo de 28 de abril.
c) El Reglamento 2021/700 del Parlamento Europeo y del Consejo de 28 de abril.
d) El Reglamento 2023/695 del Parlamento Europeo y del Consejo de 28 de abril.

5.El Programa Marco se ejecutará mediante:

a) El programa específico establecido por la Decisión (UE) 2021/764.
b) Una contribución financiera al Instituto Europeo de Innovación y Tecnología establecido por el Reglamento del EIT.
c) Programa específico de investigación en materia de defensa establecido por el Reglamento 2021/697.
d) Todas son correctas.

6. El Programa Horizonte Europa cuenta con una estructura basada en:

a) Cuatro pilares.
b) Dos pilares.
c) Tres pilares.
d) Cinco pilares.

7. Ciencia Excelente será el Pilar número:

a) Uno.
b) Dos.
c) Tres.
d) Cuatro.

8. Las Acciones Marie Skłodowska-Curie están dentro del Pilar:

a) Uno.
b) Dos.
c) Tres.
d) Cuatro.

9. ¿Cuál de los siguientes no es uno de los 6 clústeres o bloques del Pilar II?

a) Salud.
b) Seguridad civil para la sociedad.
c) Cultura, creatividad y sociedad inclusiva.
d) Acciones directas no nucleares.

10. Es un principio del programa marco:

a) Se garantizará un enfoque multidisciplinar y dispondrá, en su caso, la integración de las CSH en todos los bloques y actividades desarrollados en el marco del Programa, incluidas las convocatorias específicas de propuestas sobre temas relacionados con las CSH.

b) La programación será parte del pilar «Desafíos mundiales y competitividad industrial europea».

c) Durante los tres primeros años del Programa, se planificará un máximo del 10 % del presupuesto anual del pilar II a través de convocatorias específicas.

d) Se garantizará la participación activa y temprana de los Estados miembros y numerosos intercambios con el Parlamento Europeo.

11. El Programa debe contribuir al incremento de la inversión pública y privada en I+i en los Estados miembros, favoreciendo así la consecución de un objetivo de inversión global de al menos:

a) el 2 % del producto interior bruto (PIB) de la Unión en investigación y desarrollo.
b) el 3 % del producto interior bruto (PIB) de la Unión en investigación y desarrollo.
c) el 5 % del producto interior bruto (PIB) de la Unión en investigación y desarrollo.
d) el 4 % del producto interior bruto (PIB) de la Unión en investigación y desarrollo.

12. Son objetivos operativos del Programa Específico:

a) Reforzar la investigación de excelencia, tanto fundamental como en las fronteras del conocimiento; reforzar y diseminar la excelencia, en particular fomentando una participación más amplia en toda la Unión.

b) Reforzar el vínculo entre investigación, innovación y, cuando proceda, educación y otras políticas, en particular la complementariedad con las políticas y actividades de I+i a escala nacional, regional y de la Unión.

c) Apoyar la ejecución de las prioridades de las políticas de la Unión, en especial los ODS y el Acuerdo de París.

d) Todos ellos.

13. En cuanto a las mejoras y reformas del sistema europeo I+i:

a) Las reformas de las políticas a escala nacional se reforzarán mutuamente y se complementarán a través del desarrollo de iniciativas políticas a escala de la Unión, así como mediante investigaciones y actividades de creación de redes, colaboración, coordinación, recogida de datos, seguimiento y evaluación.

b) Las reformas de las políticas a escala nacional serán las establecidas en el ámbito de la UE.

c) Las reformas de las políticas a escala nacional se desarrollarán a través del desarrollo de iniciativas políticas a escala de la Unión.

d) Las reformas de las políticas a escala nacional se llevarán a cabo a través de Directivas.

14. Las acciones transversales del Programa Marco están orientadas a:

a) La coordinación de los distintos pilares.

b) Ampliar la participación y difundir la excelencia y fortalecer el Espacio Europeo de Investigación.

c) Complementar la participación de los Estados miembros.

d) Ampliar el Espacio Europeo de Investigación y a la creación de órganos para su aplicación.

15. De acuerdo con el Programa Marco, a fin de lograr que la financiación de la Unión genere el mayor impacto posible y contribuir con la máxima eficacia a los objetivos estratégicos y compromisos de la Unión.

a) Debe ser posible que esta constituya asociaciones europeas con socios exclusivamente del sector privado.

b) debe ser posible que esta constituya asociaciones europeas con socios exclusivamente del sector público.

c) Debe ser posible que esta constituya organismos e instituciones para el fomento de la investigación.

d) Debe ser posible que esta constituya asociaciones europeas con socios del sector público o privado.

En MADTEST tienes **más preguntas de este tema**, y todos tus avances quedan registrados y se reflejan en el ranking.

¡Supera tus límites con MADTEST!

Solución al test n.º 14

1. a) Horizonte Europa.

2. b) Noveno.

3. a) 2021-2027.

4. a) El Reglamento 2021/695 del Parlamento Europeo y del Consejo de 28 de abril.

5. d) Todas son correctas.

6. c) Tres pilares.

7. a) Uno.

8. a) Uno.

9. d) Acciones directas no nucleares.

10. a) Se garantizará un enfoque multidisciplinar y dispondrá, en su caso, la integración de las CSH en todos los bloques y actividades desarrollados en el marco del Programa, incluidas las convocatorias específicas de propuestas sobre temas relacionados con las CSH.

11. b) El 3 % del producto interior bruto (PIB) de la Unión en investigación y desarrollo.

12. d) Todos ellos.

13. a) Las reformas de las políticas a escala nacional se reforzarán mutuamente y se complementarán a través del desarrollo de iniciativas políticas a escala de la Unión, así como mediante investigaciones y actividades de creación de redes, colaboración, coordinación, recogida de datos, seguimiento y evaluación.

14. b) Ampliar la participación y difundir la excelencia y fortalecer el Espacio Europeo de Investigación.

15. d) Debe ser posible que esta constituya asociaciones europeas con socios del sector público o privado.

TEST N.º 15

Los programas de la Unión Europea de investigación y desarrollo. El régimen y gestión de las ayudas comunitarias

1. Horizonte Europa contará con un presupuesto de:

a) 95.517 millones de euros.
b) 85.517 millones de euros.
c) 75.517 millones de euros.
d) 105.517 millones de euros.

2. El presupuesto del Programa Marco se ejecuta en su mayor parte por medio de:

a) Ayudas a los Estados.
b) Ayudas directas.
c) Convocatorias competitivas.
d) Convenios de colaboración.

3. Se estima que Horizonte Europa creará para el año 2040 el número siguiente de puestos de trabajo altamente cualificados:

a) 100.000.
b) 200.000.
c) 320.000.
d) 880.000.

4. Entre los Fondos Europeos, el FEDER proporcionará ayuda en materia de innovación:

a) Actividades para la investigación aplicada y la innovación, en particular la investigación de tecnología.
b) Actividades para la investigación en la Universidad.
c) Actividades para la investigación aplicada y la innovación, en particular la investigación industrial, el desarrollo experimental y los estudios de viabilidad.
d) Para mejorar la investigación y el desarrollo en el ámbito de la UE en el periodo 2021-2027, a través de la mejora en infraestructuras.

5. El Programa Marco a efectos presupuestarios tiene el mismo periodo de vigencia que:

a) El programa presupuestario 2021-2027 establecido en el Reglamento 2020/2093 del Consejo.
b) Que el marco presupuestario 2021-2027 establecido en el Reglamento 2022/2093 del Consejo.
c) Que la agenda presupuestaria europea 2021-2027.
d) Que el marco financiero plurianual 2021-2027 establecido en el Reglamento 2020/2093 del Consejo.

6. El Programa se ejecutará mediante:

a) Cualquier forma de gestión.
b) Solamente por gestión directa, al ser así más eficiente.
c) Gestión directa o mediante gestión indirecta por los organismos financiadores.
d) Exclusivamente por gestión indirecta, al ser una forma más objetiva de gestión.

7. Constituirán la forma principal de apoyo en el marco del Programa:

a) Las subvenciones.
b) Las ayudas públicas.
c) La financiación a los Estados.
d) Los conciertos público-privados.

8. La financiación en virtud del Programa también podrá proporcionarse mediante:

a) Premios.
b) Contratación pública.
c) Instrumentos financieros en el marco de operaciones de financiación mixta.
d) Todas son correctas.

9. Las formas de financiación se utilizarán:

a) De manera coordinada con todos los objetivos del Programa, y la elección dependerá de cada Estado miembro.
b) De manera flexible en todos los objetivos del Programa, si bien la elección de la forma dependerá de las necesidades y características específicas de cada objetivo.
c) De manera rigurosa en todos los objetivos del Programa, si bien la elección de la forma dependerá de cada país.
d) De manera flexible en algunos de los objetivos del Programa y en otros de manera reglada.

10. Cuando proceda, a fin de permitir un acceso más rápido a los fondos para pequeños consorcios colaborativos, se podrá proponer un procedimiento:

a) De vía rápida a la I+i, en el marco de todas las convocatorias propuestas para la selección de acciones de investigación e innovación o acciones de innovación dentro de cualquier Pilar.

b) De vía rápida a la I+i, en el marco de algunas de las convocatorias de propuestas para la selección de acciones de investigación e innovación o acciones de innovación dentro del pilar I y III.

c) De vía rápida a la I+i, en el marco de algunas de las convocatorias de propuestas para la selección de acciones de investigación e innovación o acciones de innovación dentro del pilar «Desafíos mundiales y competitividad industrial europea» y del Explorador del Consejo Europeo de Innovación.

d) Por vía de emergencia, en el marco de cualquier convocatoria.

11. Toda convocatoria de propuestas en el marco del procedimiento de vía rápida a la I+i deberá reunir las características siguientes:

a) Plazo de concesión más breve, no superior a seis meses.

b) Apoyo prestado solo a pequeños consorcios colaborativos compuestos por un máximo de seis entidades jurídicas admisibles.

c) Ayuda financiera máxima por consorcio no superior a 2.500.000 euros.

d) Todas ellas.

12. A efectos de los presupuestos del Programa, para responder a situaciones imprevistas o nuevos acontecimientos y necesidades, la Comisión, en el marco del procedimiento presupuestario anual, podrá desviarse de los importes hasta un máximo del:

a) 15%.

b) 1%.

c) 10 %.

d) 3%.

13. En relación a la investigación y desarrollo, la distribución indicativa de los importes del Reglamento (UE) 2020/2094, por el que se aprueba un Instrumento de Recuperación de la Unión Europea, se destinará al bloque Salud:

a) Un 30%.

b) Un 25%.

c) Un 10%.

d) Un 20%.

14. La Comisión Europea ha adoptado el programa de trabajo principal de Horizonte Europa para 2026-2027, una inversión de:

a)16.000 millones de euros destinada a impulsar la investigación y la innovación en todos los objetivos estratégicos de la UE.

b)14.000 millones de euros destinada a impulsar la investigación y la innovación en el objetivo de impulsar un modelo sostenible.

c)14.000 millones de euros destinada a impulsar la investigación y la innovación únicamente del cambio climático.

d) 14.000 millones de euros destinada a impulsar la investigación y la innovación en todos los objetivos estratégicos de la UE.

15. El programa de trabajo principal de Horizonte Europa para 2026-2027:

a) Elimina la iniciativa "Choose Europe".

b) Amplía la iniciativa "Choose Europe" para evitar la pérdida de talento europeo.

c) Amplía la iniciativa "Choose Europe" para atraer talento mundial y simplifica las propuestas y participación en Horizonte Europa.

d) Reduce la iniciativa "Choose Europe" con el fin de aumentar otras iniciativas relacionadas con la IA.

En MADTEST tienes **más preguntas de este tema**, y todos tus avances quedan registrados y se reflejan en el ranking.

¡Supera tus límites con MADTEST!

Solución al test n.º 15

1. a) 95.517 millones de euros.

2. c) Convocatorias competitivas.

3. c) 320.000.

4. c) Actividades para la investigación aplicada y la innovación, en particular la investigación industrial, el desarrollo experimental y los estudios de viabilidad.

5. d) Que el marco financiero plurianual 2021-2027 establecido en el Reglamento 2020/2093 del Consejo.

6. c) Gestión directa o mediante gestión indirecta por los organismos financiadores.

7. a) Las subvenciones.

8. d) Todas son correctas.

9. b) De manera flexible en todos los objetivos del Programa, si bien la elección de la forma dependerá de las necesidades y características específicas de cada objetivo.

10. c) De vía rápida a la I+i, en el marco de algunas de las convocatorias de propuestas para la selección de acciones de investigación e innovación o acciones de innovación dentro del pilar «Desafíos mundiales y competitividad industrial europea» y del Explorador del Consejo Europeo de Innovación.

11. d) Todas ellas.

12. c) 10 %.

13. b) Un 25%.

14. d) 14.000 millones de euros destinada a impulsar la investigación y la innovación en todos los objetivos estratégicos de la UE.

15. c) Amplía la iniciativa "Choose Europe" para atraer talento mundial y simplifica las propuestas y participación en Horizonte Europa.

Cómo acceder al Curso
Ayudante de Investigación
Test Materias Comunes

El uso de los códigos **es exclusivo de los compradores de los productos de Editorial MAD**. Cada producto posee un código único y de un solo uso. Es personal e intransferible y da acceso a servicios y contenidos adicionales. Editorial MAD se reserva el derecho de hacer cuantas comprobaciones sean necesarias para identificar al legítimo poseedor del código y dejar de dar servicio a quien haga uso fraudulento del mismo, además de emprender cuantas acciones legales estime oportunas según la legislación vigente.

Deberás acceder a:

mad.es/registro-campus

Si una vez aceptadas las condiciones de uso del Campus decides hacer uso del mismo, necesitarás del siguiente código de acceso junto con los códigos del resto de títulos que se exigen (si fuera el caso):

6VUMWP489X